让知识成为每个人的力量

颜永祺 陈达萌 著　杨昊松 绘

陪孩子玩的100种游戏

用戏剧游戏培养九大能力

新星出版社　NEW STAR PRESS

序

在家带孩子，这样的场景你一定很熟悉："妈妈，这本书读完我们玩点别的吧？""爸爸，这些玩具都玩过好多次了，玩点其他的吧？"对于孩子的要求，你是不是也很发愁：除了读绘本，玩玩具，还能干点啥呢？好像也没什么可干的了。最后，陪孩子就变成了和孩子一起看手机，看电视，或者直接给个pad让孩子自己去玩。

不止是你，在两三室一厅的有限空间里，"和孩子玩什么"，几乎是困扰所有父母的普遍难题。

那如何才能既陪伴孩子成长，一起度过欢乐的亲子时光，又能让孩子玩得兴味盎然，甚至还能长些本事呢？

这本书就是帮你解决这个难题的。书里提供了整整100种游戏，全部适合在家里玩。这些游戏有肢体动作的，有语言表达的，有表情拿捏的……形式丰富多样。比如语言表达类的，有"字字接龙""三字经""问题大王"；表情拿捏类的，有"情绪温度计"，让孩子按照度数来表现不同程度的高兴、难过和愤怒；肢体动作类的，有"身体ABC""旅行探险家""含羞草"，等等。操作起来都非常容易，而且许多游戏都不需要道具，即便需要，也都是垫子、纸张、凳子等在家里随处可见的物件。

我们请很多家长陪孩子玩过这些游戏。有的家长反馈，光是表现不同程度的情绪，孩子就能玩半天，恨不得见到谁，都想让他来演一个"5度的愤怒"；有的说，看似简单的"守护宝藏"，玩起来简直有魔力；还有的说，接龙游戏"字头字尾"，一家人玩得都快要笑岔气了……

但这本书厉害的地方，还不止于此，它有一个非常重要的功能，就是在玩游戏的同时能够培养孩子的综合能力。也就是说，这些游戏不是瞎玩，而是将培养孩子能力的训练方式开发成了有趣的游戏，让孩子在玩的同时，不知不觉间培养起控制力、注意力、感受力、观察力、表现力、想象力和记忆力等等底层能力。

这些能力，都是孩子在成长过程中不可或缺的。从长远来看，也是伴随他一生的重要能力。

比如注意力（专注力）。注意力其实是做一切事情的必备能力，无论是未来的学习，还是工作，都需要孩子把时间、精力和智慧凝聚到一起，能够不被打扰、心无旁骛地专注。

比如观察力。我们都知道，观察是研究、分析和探索的基础。观察力强的人，善于抓住稍纵即逝的现象，发现事物之间细微的差别；也能从周围的环境中获得灵感，体会美和生活的乐趣。

从眼前来看，我们发现不少名校的"早培班"在挑选有天赋的孩子时，考查的其实就是孩子的这几大能力。也就是说，有的孩子之所以被认为有天赋，某种意义上是因为他们的想象力、观察力、记忆力等能力非常突出。

但其实这些能力，是可以通过后天有意识的训练来逐步培养和加强的。书里的游戏就是让你在陪孩子玩的过程中潜移默化地培养这些能力。

这些游戏来自戏剧训练中非常成熟和系统的学习方法。我和儿童教育领域的陈达萌女士，一起把这些训练方法，融入符合孩子成长特点的游戏中，最终形成了本书的内容（关于这一点，会在前言部分做具体的介绍）。

如果你的家里有 3-12 岁的孩子，可以照着这本书和他玩起来。

在使用这 100 种游戏的过程中，我有几点特别想提示的：

第一，每个游戏都写了适合孩子的年龄，但是每个孩子成长发育的情况都不相同，你可以根据自己孩子的性格特点、先天条件、接受能力及学习习惯等灵活地选择、调整游戏，不必限于书中所写年龄。你和孩子也可以充分发挥自己的创意和想象力，举一反三地延展游戏的内容，创造及发明自己的游戏库。

第二，针对每个能力的训练，书里都提供了 10 个左右的戏剧游戏，你不需要按照顺序来进行，可以随意挑选孩子喜欢的来操作。每个游戏占用的时间也不用太长，最理想的游戏时长是不超过 15 分钟。游戏一定要在孩子意犹未尽时结束，这样的话，下一次再进行时能保有新鲜度。使用这本书时，你可以随机选取不同的能力训练来进行，不需要就着一个能力全部来一遍。

第三，也是最重要的一点——玩游戏时不要纠正孩子的错！作为家长，我们应尽可能为孩子提供完全不受干预或纠正的表现机会。只有这样，孩子才敢于犯错、敢于尝试，玩得也会更尽兴。

颜永祺

2020 年 10 月 15 日于北京

前言

为什么要用戏剧游戏培养孩子的能力

为什么对孩子的一生都很重要的九大能力能通过戏剧训练达成呢？因为这些能力也是优秀的戏剧演员所必须具备的能力。戏剧演员要在道具铺呈的舞台上，去饰演他从未经历过的人生，面临的挑战是巨大的，要求的能力也是全方位的。

比如感受力。演员在演戏剧时需要创造角色的情感，这必须在准确细腻的感官感觉的帮助下完成。只有具备极强的感受力，才可以把泡沫机喷出的泡沫当作雪花，表演披着一身雪花从风雪中归来，在纸做的火炉边取暖。虽然道具都是假的，但观众依然可以通过表演感受到演员冷得身体快冻僵了的感觉。

比如想象力。舞台上，演员要能够想象眼前是荒漠或者草原，高山或者大海；一把椅子，演员既要能把它当成古代官椅，又能当成公园长椅，还能是老人院的摇椅，甚至是一个登机箱，一个马桶，一个婴儿车……只有具备充分的想象力，让自己相信舞台上一切的存在都是真实的，才能让观众入戏。

再比如注意力。演员在舞台上需要极为强大的注意力。他除了要背好词，知道自己的上场路线，记住动作外，还需要上台前穿对衣服，拿对道具，准时准点上场，并准确地站在有光的位置，确保观众看得见自己，还需要将注意力放在对手演员身上，认真地听对方说话，真实地给予反应。

控制力、反应力、表现力就更不用说了，都是戏剧演员的必备功力。

对于演员这些能力的养成，戏剧学校的课堂里已经有了一套系统、专业和有效的训练方法，而且这些方法中有不少是通过游戏的方式来实现的。

以训练想象力和感受力为例。老师通常会要求戏剧演员把自己想象成最小的东西，比如蚂蚁，之后逐渐变成最大的东西，比如恐龙。具体怎么做呢？演员需要先自然站立，两臂下垂，双目闭合，接着开始想象自己变成了一只蚂蚁：从面部开始到全身，所有的肌肉与关节都逐渐紧缩起来，最后蜷曲成一团，越来越小。然后，老师会引导演员想象自己在大街上躲避人们的踩踏或者淘气孩子的碾压。

接着演员还要想象自己逐渐变大，感受肌肉和关节的膨胀，全身伸展，直到站立起来，慢慢睁开双眼，变成一只没人能欺负的恐龙，甚至发出恐龙的叫声，以强者的姿态去看周围的世界。

通过这样的游戏，在极大和极小的事物间切换，演员的想象力和感受力都会得到大的提升。类似的游戏还有很多，演员就是靠着长期刻苦的训练来拓展自己的能力的。

而这本书里给孩子玩的戏剧游戏，跟专业演员在戏剧学校表演课上练习的，或是影视剧组拍摄前给演员进行表演基础培训的，实质是完全一样的。

其实，对儿童进行戏剧训练，到现在已经有上百年的历史了。早在18世纪，法国教育家卢梭就提出了"在戏剧实践中学习"的教育观念。到20世纪初期，教育界与戏剧界的有识之士更是积极倡导并开发戏剧元素在普通教育中的应用。很多国家也已经把戏剧训练作为各学科不可缺少的部分。

比如在美国，艺术课程（其中戏剧是非常重要的部分）是唯一由国家教育部制定标准的课程。国家教育大纲规定，戏剧教育应该从幼儿园开始，戏剧不仅应该作为艺术学习的对象，更应该成为学习的方式和技能。

目前在国内，儿童戏剧训练也正在兴起，越来越多的家长已经认识到，参加过戏剧游戏训练的孩子能力更强，也更主动积极，更加有自信。但缺点是，这些戏剧游戏都只存在于昂贵的培训机构里，由专业的老师带领才能开展，多数的孩子其实是很难从戏剧游戏中受益的。于是我们就萌生了为家长和孩子开发戏剧游戏的想法。我们先从训练演员能力的系统方法中，精心挑选出了上百个游戏，再结合孩子的成长和认知发展特点，以及兴趣，进行了改编，于是就有了这本书里"陪孩子玩的100个游戏"。

书里的任意一个游戏，都简单易操，没有专业老师的指导，父母也可以轻松地和孩子玩起来，连家里的爷爷奶奶、姥姥姥爷、阿姨都可以照着书和孩子一起玩。

希望这本书能将戏剧游戏的系统方法带入你的家里，让客厅、书房甚至卧室都变成你和孩子欢乐的戏剧游戏场。

目 录

一 控制力

1 最慢运动员　　003
2 心理时钟　　　006
3 起身专家　　　008
4 海星搬家　　　010
5 照镜子　　　　012
6 破圈圈　　　　014
7 移动的吸管　　016
8 太空漫步　　　018
9 奶奶与大灰狼　020
10 情绪温度计　　022
11 端茶水的店小二　026

二 注意力

1 蒙面侠和引路人　031
2 精听细算　　　034
3 守护宝藏　　　036
4 答题达人　　　038
5 寻宝之声　　　040
6 听的世界　　　044
7 打盹的狮子　　046
8 爸爸说/妈妈说　048
9 故事大王　　　050
10 靠谱的快递员　052
11 排除干扰　　　054

CONTENTS

三 感受力

1 我是搬家工人　　062
2 调皮的小太阳　　064
3 大风吹　　066
4 歌曲变变变　　068
5 手指的记忆　　070
6 海草摇呀摇　　072
7 旅行探险家　　074
8 感受疼痛　　078
9 含羞草　　080
10 水的变化　　082
11 感受困难　　086

四 观察力

1 手的不同　　092
2 五处更动　　096
3 超强记忆　　098
4 雕塑家　　100
5 调皮的数字　　102
6 超级小侦探　　104
7 什么不见了　　106
8 五颜六色　　108
9 声音的世界　　110
10 消失的扑克牌　　112
11 家人的照片　　114

五 思考判断力

1 我是谁　　　　　　120
2 谁是领袖　　　　　122
3 来者不善　　　　　124
4 什么物件　　　　　126
5 移动雕像　　　　　128
6 最特别的人　　　　130
7 爸爸/妈妈在哪里　　132
8 粉墨登场　　　　　136
9 机器人　　　　　　140
10 有答必问　　　　　142
11 动物研究专家　　　144

六 反应力

1 提线木偶　　　　　149
2 Yes，But…　　　　152
3 当你早晨起床时发现……，
　　你会……　　　　154
4 因为……所以……　156
5 数字拍拍手　　　　158
6 数字指令　　　　　160
7 唱反调　　　　　　162
8 字字接龙　　　　　164
9 问题大王　　　　　168
10 三字经　　　　　　170
11 今天去哪里　　　　172
12 颠倒的世界　　　　174

七 表现力

1 外星语演讲	179
2 多变的声音	182
3 创意造型	184
4 指偶表演	186
5 比手划脚	188
6 身体写名字	190
7 超级舞王	192
8 西部牛仔	194
9 掌中镜	196
10 做鬼脸	197
11 身体刻度表	198
12 身体 ABC	200

八 想象力

1 物件讲故事	205
2 物件传递	208
3 吃不完的美味	210
4 开头结尾	212
5 爱的礼物	214
6 画中故事	216
7 听出故事	218
8 几何图案变变变	220
9 超级球赛	222
10 隐形的乐器	224
11 神奇的围巾	226

九 记忆力

1 字头字尾	231
2 过目不忘	234
3 声音的顺序	236
4 你能记得我的故事吗	238
5 数字在哪里	240
6 摩斯密码	242
7 生活复制机	244
8 难忘 Do Re Mi	246
9 圣诞助理	248
10 超市大采购	252

一

控制力

你可以观察一下孩子平时是不是有以下表现：

⊙ 和人嬉闹下手不知轻重，容易弄伤自己和别人；

⊙ 在安静的场所控制不住，总是大声说话；

⊙ 容易玩疯，把自己弄得精疲力竭；

⊙ 情绪不稳定，高兴时过于兴奋，难过时又哭个不停；

⊙ 常发脾气；

⊙ 自律性差，约定好的事情，总是没办法完成；

⊙ 做手工或者写字很费劲；

⊙ ……

如果你的孩子或多或少有上述情况，就很有必要训练一下控制力。

控制力一旦被培养起来，你会发现：孩子能更好地跟朋友们玩在一起，知道下手的轻重。学习能力也会呈几何倍数增长：精细动作控制得好，写字更快更工整了；发声控制得好，朗读更出色了；意志力变强，孩子可以自己定计划，自己执行，自己安排完成作业了……这可是多少老父亲老母亲的梦想啊！

1 最慢运动员

> **训练目的**：增强对身体的控制力，增强意志控制力
> **道具要求**：无障碍的 3~5 米长的小空间（比如，家里的客厅）
> **参加人数**：3 人以上

3岁以上

　　一般的田径赛跑，都是以运动员最快到达终点为胜利的标准。但是在"最慢运动员"的游戏里，我们则是以"最迟抵达终点"作为胜利的标准。你可别以为慢跑是一件容易的事，慢动作是需要极大的肌肉控制力的，稍微控制不住的话，是很容易跌倒的。对于3岁以上或者能明白游戏要求的孩子，"最慢运动员"这个游戏就可以玩起来了。

　　在家里，这个游戏很适合爷爷奶奶或是姥姥姥爷陪伴着孩子一起玩。

1 在家里找一个 3～5 米长的空间来当跑道。

2 以一条线作为起跑线,爸爸妈妈可以充当裁判员,在"家庭运动员们"准备好了以后,轻轻喊一声"开始!"。接下来有趣的画面就产生了!

3 几位参加短跑的家庭运动员,以最慢的动作跑向终点。

• Tips
可不能静止不动哦。

在这个过程中,每个人的举手投足将会特别有造型感。孩子们不再效仿"龟兔赛跑"中的兔子,而是会效仿那慢悠悠的乌龟。

在做这个游戏的过程中,孩子一开始可能只是让自己脚下的步伐变慢了,家长可以像回放正常跑步的慢动作一样给孩子做演示,告诉孩子不仅脚步要慢,身体每一个部位的动作都要慢下来。这样孩子也会掌握游戏的要领,觉得这个游戏有意思、有挑战,愿意一起玩。

刚开始,孩子会一边笑一边玩,呼吸会比较急促紊乱,身体不容易长时间保持一个姿势,也不容易维持平衡。但是玩三五次之后,孩子基本上就能开始学着控制自己的肢体,并随着身体的运动,缓慢深长地呼吸。

如果孩子不知道该怎么呼吸,家长也可以做示范,让孩子跟随自己数的节奏"呼气 —— 吸气 —— 呼气……"随着玩的次数逐渐增多,孩子对自己肢体的控制会变得游刃有余。

除了肢体控制力的训练,这个游戏最重要的一点,就是孩子们再也不会嫌弃动作缓慢的长辈,反而学会欣赏年老者是如何有效地控制自己的肢体动作的。而且,当孩子能够熟练完成这个游戏以后,你会发现孩子比以前坐得住的时间更长了。带孩子去徒步或者锻炼,他们也能够坚持活动更长的时间。

2 心理时钟

训练目的：增强对大肌肉的控制力，增强时间感
道具要求：无障碍的 2~3 米长的小空间、计时工具
参加人数：2 人以上

5 岁以上

这个游戏对训练每一个人的控制力都特别有用，并且有一定的难度，连爸爸妈妈也不一定能顺利达标。

游戏方法特别的简单：

爸爸妈妈可以在客厅地板上轻轻画两条线，分别做起点和终点，再由爸爸妈妈来当裁判。当裁判员喊"开始"时，孩子就可以从起点处起步走了。游戏过程中不允许停下，身体要一直保持移动，而且必须在限定的时间内准确抵达终点，不能早一秒，也不能晚一秒。

时间限定得越长,孩子的动作就需要越慢。

如何保证准确地在限定时间内到达终点呢?

时间观念不那么强或者是刚开始玩这个游戏的孩子,可以看时钟走完全程。

刚开始的限定时间可以短一些,比如 10 秒钟,这样游戏会相对容易一些。在游戏的过程中,孩子要平均分配自己的速度,在第 10 秒时抵达终点。然后裁判员可以将时间延长至 20 秒、30 秒、1 分钟、2 分钟、3 分钟等。

能在越长的时间内准确抵达终点,孩子掌控时间的能力越强:他能够很快计算出不同时间内自己应该保持的速度,并且很好地控制自己的身体,保持缓慢的移动。

孩子的心理时钟越准确,在平时的生活中就会保持越出色的自律性,独立完成作业、在考试中合理分配时间就都不成问题。

在这个过程中,你还可以把孩子游戏的过程拍下来放给他看,这会是孩子观察自己的一个好机会,孩子也会被自己努力慢下来的姿势逗得哈哈大笑。

爸爸妈妈们,快看看你们的孩子能坚持多少分钟吧!

> 如果你的孩子已经可以很好地完成这一步,那么还可以加入一个升级版的玩法:你可以撤掉时钟,通过让孩子在心里默数秒数,来完成规定时间内的移动,以此来锻炼孩子的时间感。

3 起身专家

训练目的：增强对大肌肉的控制力，增强对身体的观察
道具要求：瑜伽垫一类的地垫
参加人数：2 人以上

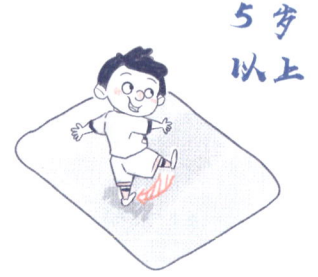

5岁以上

让躺在地面上的自己缓缓地站起来，听起来是一件很容易的事，但是要成为"起身专家"，那就不是一件简单的事了！

"起身专家"的游戏是这么玩的：

1 让孩子躺或者趴在瑜伽垫子上，或者其他什么姿势都可以，初始动作不作限制。

2 孩子要完成的任务，就是从前一种姿势，慢慢站起来。

3 孩子玩的时候，家长要在一旁监督：

如果孩子有好几个关节用力了，要提醒孩子恢复到上一步，先只让一个关节用力气，再动另一个部位。

比如孩子原来是趴着的，为了要站起来，他最开始可能会用两只胳膊把自己撑起来，同时头也抬着，上半身也立起来。

这时，家长要督促孩子回到趴着的姿势。告诉孩子只能先让一边的胳膊肘发力抬起来，再让手腕用力把半边身体撑起来；然后另一边胳膊肘发力抬起，再让另一边手腕用力撑起身体。

别忘了，这时候脖子还是不能用力的，孩子的脑袋还是耷拉的，等两个胳膊的动作完成以后，孩子再用力把头抬起来，才算完成了把自己撑起来的步骤。

别看这个游戏很简单，就算爸爸妈妈自己来完成，也需要五分钟以上的时间。不信？试试看就知道了！

• Tips

切记，每一次移动时，身体只能有一个关节用力气。

如果手腕使劲，那身体的其他部位不能用力气；如果脖子使劲，除了头会连带着抬起来之外，身体的其他部位也必须是静止的；如果要弯膝，也不能同时弯两个膝盖。

能在越短的时间内标准地完成起身，孩子身体的控制能力就越强。

4 海星搬家

训练目的：增强对大肌肉的控制力
道具要求：无障碍的 2 米长的小空间、地毯
参加人数：2 人以上

孩子们都喜欢海洋生物，相信对漂亮的海星没有不熟悉的，所以让孩子们扮演海星，会很受他们的欢迎。那么孩子扮演的这个"海星"要干嘛呢？

任务很简单，就是让趴在或者平躺在地面（最好在铺着地毯的地面）上的孩子手脚"大"字张开，像海星一样尝试从A点移动到B点，两个点之间只需要短短的两米即可。

只要孩子顺利从A点移动到B点，就算完成任务。用的时间越短，表示孩子的身体控制越强。

家长得让孩子知道，海星的特点，就是"星"状的肢体不能随意弯曲，只有胳膊、大腿和身体的连接点可以活动。

做这个游戏时，也许一个海星翻身，就会花上3分钟的时间。在刚开始游戏的时候，家长和孩子们千万不要着急，慢慢把动作做标准最重要，别忘了，陪伴才是最重要的，而不是着急完成任务！家长可以在旁边提醒孩子："哎呀，海星的胳膊弯曲了会疼呀，赶快帮它拉直。""海星的脚怎么勾起来啦？让它长长一点。""加油，小海星马上要搬到新家了！"

经常玩这个游戏的孩子能够很好地控制自己的身体，移动的速度也会越来越快。

5 照镜子

> **训练目的**：增强对表情、肌肉的控制力，提高观察力和反应力
> **道具要求**：无
> **参加人数**：2 人

3 岁以上

无论大人或小孩，没有人不爱照镜子。镜子里出现同样的自己，这对第一次接触镜子的孩子是特别有趣的事情。而在亲子互动游戏里，"照镜子"也是一个大家都爱玩的游戏。

爸爸或妈妈可以跟孩子一起模拟照镜子的动作。一个人演照镜子的人，一个人演镜子里照出来的人。不管照镜子的人做什么动作，镜子里的人必须完全依照对方的动作。

这个游戏的前提只有一个，就是——慢！动作或者表情一定要放慢！比如不要一下子做完挤眉弄眼的动作，而是分好几个步骤进行：先挑高眉毛，再把眉头皱起来，再闭上眼睛，再用力睁大，让每一个动作都做得非常仔细，真正达到训练控制力的效果。

照镜子的人可以先从表情做起，比如扬一下眉毛，接着开始挤弄鼻子，然后做嘴部的动作，比如嚼口香糖或者打哈欠。然后动一动肩膀，动一动手臂，尽量每次就动一个部位，这样更容易被孩子观察和模仿。当孩子熟练之后，你也可以同时做两个动作，比如一边挠痒痒，一边皱眉头，保持动作一段时间，看孩子有没有注意到你表情和身体的多处变化。如果孩子只模仿了一处，你可以提醒孩子"注意看我的表情"，来帮助孩子完成模仿。

如果孩子模仿得越来越像，抓特征的速度越来越快，并且可以一次捕捉到多个动作细节，就表明他玩得越来越好了。

家长可以多做照镜子的人，让孩子模仿自己的动作。如果想要增加乐趣，也可以让孩子做照镜子的人，自己来做镜子里的镜像。一般来说，当孩子看见你模仿他的动作表情时，就会非常高兴，乐呵得不行，不信的话，你试一试就知道了！

6 破圈圈

训练目的：增强对肌肉的控制力，开发身体动作
道具要求：无
参加人数：2人

3岁以上

"破圈圈"的游戏需要你和孩子面对面站好，分成A和B两方。在游戏中，A方和B方都需要以极慢的慢动作来进行。

A方需要利用身体的任意部位缓慢地组成可大可小的圆圈：

- 双手紧握就能跟身体形成一个大圈；
- 拇指和食指相碰就能构成一个小圆圈；
- 左手触碰左耳也能形成一个圈；
- 两只脚底部贴在一起也是一个圈……

A方每次只需要用身体部位组成1个圈，然后定格，让B方看见这个圈。

B方的任务就是用自己的手慢慢地将A方的圈给轻轻破开（划开或解开），然后B方利用自己的身体部位组成一个新的圈

圈，A方看见B方的新圈后，去破开，接着重新组成自己的新圈圈让B方破解。如此交替进行下去，双方在组圈时都不能重复自己之前组过的圈圈，直到其中一方不能再组成新的圈圈，另一方则为胜利，游戏就算结束。

这个游戏有点像打太极或者推手，两个人在组圈和破圈动作中，慢慢会形成一种默契和动作上的流畅感。家长们别以为这个游戏很容易，要让身体的不同部位形成大圈或小圈可是需要对身体的不断发掘才能做到的。不信？你做做看！

7 移动的吸管

训练目的：增强对手的控制力，增加和他人协作的能力
道具要求：（1）无障碍的 2 米长的空间
（2）吸管、筷子等和手差不多长的条状物体
参加人数：2 人

3 岁以上

游戏很简单，先在地上画出一个两米长距离的起点和终点，然后家长和孩子各伸出一根手指（建议食指），用指尖把条状的小道具夹住。

两人需要从起点，慢慢挪动身子到终点。但两人不管如何移动，都不能让条状的道具掉落在地上。如果感觉快掉了，两个人应该立刻站住，调整平衡。

在游戏的过程中，孩子可能会觉得手很酸，但这时也要鼓励孩子完成这一轮再休息。如果条状小道具掉在地上，那两个人就要回到起点重新开始搬运。游戏对于孩子练习写字很有帮助。

这个游戏非常考验参与者的控制力和两人的默契，两人必须一直保持贴着条状道具两边的手指力量的均衡，一旦一方使劲儿，另一方就得去配合对方的力度来调整自己的力度。这个游戏必须在缓慢的动作中进行，这样就能真正去感受力气和方向的平衡。如果你已经战胜了吸管儿、筷子或是圆珠笔这一类"条状"的物件，可以尝试用硬币、气球或是小苹果来代替，你会发现难度会慢慢提升哦。

> **•Tips**
> 你要告诉孩子只能用伸出来的单个手指力量控制小道具，其他手指或手的其他部位都不能帮忙，这样会很好地锻炼孩子手指的力量。

8 太空漫步

训练目的：增强对肌肉的控制力，增加想象力和表现力
道具要求：无障碍的长约 2 米的小空间，沙发
参加人数：2 人以上

4 岁以上

这是一个完全依靠孩子想象力的游戏。

你可以和孩子一起，并引导孩子想象一个场景：从"太空舱"——沙发上跳下来的那一刻起，你们就登陆月球了。你们都穿着非常宽大而沉重的宇航服，所以手不能碰到身体，腿也不能并拢。你们都背着沉重的氧气瓶，

所以走路不能太轻松,而是很慢。你们还必须轻手轻脚,因为每一次重重地跺脚,都会让你们跳得很高。

你给孩子定的目标是,走到 2 米远的地方,插上一面国旗再返回。整个过程中,你可以告诉孩子,他手里一直拿着一面"看不见"的国旗,直到把它插在终点。而且你要提醒孩子,插旗子也并不那么容易,因为月球的土地非常坚硬,必须要花很大的力气。同时你也要提醒孩子,别忘记了自己身上厚重的宇航服和轻手轻脚的原则。

比如,家长可以在"太空舱"里提醒孩子:"慢一点,你要被弹起来了。""别忘了你手里的旗。"当孩子顺利插上了旗,家长还可以发出鼓励:"慢慢转过来,我给你和旗子拍一张合照。"当孩子返回"太空舱"后,游戏才算结束。

如果孩子在整个过程中移动速度合适,也一直做出了逼真的无实物表演,说明他的控制力、想象力和表现力都达到了优秀的程度,可以给孩子一个大大的表扬,授予他"航天小勇士"的称号。

9 奶奶与大灰狼

训练目的：增强对肌肉的控制、流程的记忆，增强意志力
道具要求：6米长的开阔空间，3个水果（或能够被捡起的小东西）
参加人数：2人

3岁以上

这个游戏对你来说一点都不陌生，就是儿时玩过的"一二三，木头人"，只是这个版本的游戏根据《小红帽》的故事做了延伸，你来扮演小红帽的"奶奶"，而孩子则是想要"吃掉"奶奶的"大灰狼"。

1 奶奶背对着大灰狼站着，两人距离大约4~5米，大灰狼的目的是一步步朝奶奶走去，但是走的过程中，需要从地上依次捡起事先放好的不同位置的3个苹果（橙子或其他任何水果），然后再触碰奶奶。

2 在大灰狼往前移步的过程中，奶奶可以随时喊一声"森林里面有什么"，然后回头往后看，这时候的大灰狼就不能动了，也不能露出牙齿。如果奶奶转身时，大灰狼还在移动或是在捡水果，或者发出了声音，亦或是露出了牙齿，那么大灰狼就得把苹果归位，回到起点，重新靠近奶奶。

如果大灰狼在不被奶奶转头发现的情况下成功捡起3个苹果，而且还移动到了能触碰到奶奶身体部位的任意地方，就相当于成功地把奶奶给"吃掉"了。

你在转身看见孩子以后，千万不要着急转头回去背对着孩子，应该试着让孩子保持静止状态的时间长一些，这样可以锻炼孩子的身体控制力。你也可以在这个时候发出怪音或者做出好玩的表情动作来逗孩子，看看孩子能否抛除一切干扰，成为一个意志坚定、不被别人干扰的"木头人"。

亲子练习时，可以固定由你扮演"奶奶"。你可以通过把水果放得更分散，来给孩子增加挑战难度。一起试试看吧。

10 情绪温度计

训练目的：增强对情绪、肢体、表情、声音的控制力，提高记忆力
道具要求：无
参加人数：2 人以上

7 岁以上

孩子们应该了解"温度计"的使用吧？我们可以通过温度计，了解周围环境的气温，而医生在医院里所使用的身体温度计，则能够测量孩子的体温。家长们，有没有想过，原来我们的情绪也是可以被测量的？发脾气的时候，你知道自己正处于几度的生气值吗？1 度？2 度？还是 10 度？100 度？

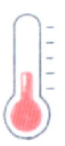

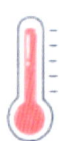

在"情绪温度计"的控制力练习中,爸爸妈妈可以为孩子提供情绪的名称,比如"生气"或者"高兴"等。以"生气"为例子:

- 爸爸妈妈可以问孩子,1度的生气是怎样的?孩子可能会做出一个皱眉的表情。

- 那么2度的生气呢?孩子可以在皱眉的表情上添加撇嘴的表情。

- 3度呢?孩子可以把整张脸都皱起来,张大鼻孔。

- 4度呢?孩子可以在保持原来表情的基础上,添加握拳的姿势。

- 5度呢?孩子可以试着在保持4度动作的基础上,增加伸长脖子的动作,身体微微形成弧形。

记住,请让孩子自己来判断情绪温度计的数值和对应的动作,这可以帮助孩子不断进行自我观察。可能每一次游戏,孩子对于情绪温度计的数值和对应动作的设计都不一样,这都是孩子在对情绪认知进行修正。每一度的动作也都需要家长和孩子凭记忆力记住,而不是写下来。

接下来，爸爸妈妈千万别着急继续往上升温。为了帮助孩子训练控制力，爸爸妈妈需要让孩子复习前面的度数，比如重新问孩子3度的生气是怎样的？看看孩子是否还记得3度生气时，是将整张脸都皱起来，张大鼻孔。那么1度呢？看看孩子又能否记得1度是皱眉的表情？在游戏过程中，爸爸妈妈可以经常反复问孩子，考验他们的记忆力。

就这样来回地让孩子在不同的度数里控制自己的身体与面部表情。当温度计逐渐升温时，孩子还可以站起来，移动脚步，或者大步走来走去，甚至在地上打滚，跑来跑去。孩子还可以添加声音，从鼻孔里发出"哼"，或者大声说"不要"，甚至发出尖叫。只要记得每一次的动作幅度比之前更大，参与的部位更多，声响更大，就能表示出更高的情绪值。

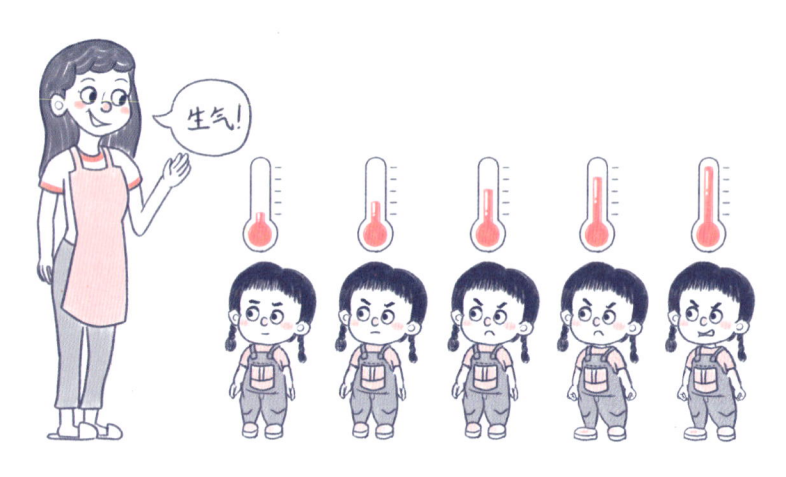

今天就赶紧和孩子玩起来吧！

"情绪温度计"看起来是个简单的游戏,却可以同时训练孩子的肢体控制力、表情控制力、声音控制力和情绪控制力等,当然还有记忆力,真是一举多得的好方法。

当孩子熟悉了这个游戏,他还会在生活中用情绪温度计跟你交流:"妈妈,我今天演出前特别紧张,心砰砰跳,我的情绪温度值到了10,还好我赶紧深呼吸,听到同学给我鼓励,我的情绪温度值就降到5了,最后我演得特别好,老师都表扬我了呢。"瞧,这是不是能让你更加清晰地了解到孩子在学校里的感受了呢?

> 8岁及以下的孩子,一次记住10个不同情绪温度值对应的动作就很了不起了。8岁以上,可以挑战15个、20个不同的情绪值。除了生气,您还可以让孩子试一试高兴、悲伤、害怕等情绪。

11 端茶水的店小二

训练目的：增强对肢体的控制力
道具要求：3 米长的空间，塑料碗，家里的各种日常用品
参加人数：2 人及以上

3 岁以上

这个游戏通过让孩子扮演古装戏里"端茶水的店小二"，训练他的肢体控制能力。店小二不仅要将盛满茶水的塑料碗递给客官（爸爸妈妈或者爷爷奶奶扮演）喝，端茶水的路上还要躲避各种散落的杂物，并确保茶水不能洒出来。

控制力

游戏开始前，家长在孩子端水的路上随意摆放上各种杂物当障碍，比如，电视机的遥控器、抽纸盒、闹钟、拖鞋、垃圾桶等。然后再为孩子准备一个装满水的塑料小碗。

•Tips
如果担心水洒的过多，可以用弹珠或乒乓球来替代，但必须装满整个碗。

3米

店小二从起点出发，端着盛满水的碗慢慢地走动，一路上必须绕开所有的杂物，最后只有将没有洒漏的水递给客官，才算完成任务。一旦碰到杂物，或者把水洒出来，就得重新回到起点，再次出发。

别看这个游戏很简单，要端着盛满水的碗控制身体平衡，还要躲开所有的杂物，这需要孩子做到百分之百的全神贯注，而且得非常有耐心。

027

唔~~
咚
啾啾
滴滴滴
滴答

二
注意力

在现实生活中，孩子的注意力特别容易受到其他事物的干扰。

比如在家里写作业时，容易被家长打电话的声音分心，被窗外叽叽喳喳的小鸟分心，被电视节目分心，被隔壁家装修的声音分心……

而在学校，孩子也面临类似的挑战。小组学习时，几个孩子围坐在一起，一边听课，一边讨论，孩子听着听着就跑神了。

怎么办呢？别着急，注意力其实是可以训练的。在家时，你可以和孩子经常玩一些专项的注意力游戏，让孩子把自己的听觉、视觉等专注在某件事情上，沉浸进去，慢慢地你会发现孩子在被打扰时不再那么容易分心了。

1 蒙面侠和引路人

训练目的：训练孩子的专注力、倾听力、协调力
道具要求：沙发、垃圾桶等没有棱角的障碍物，眼罩
参加人数：2 人以上

5 岁以上

注意力集中其实不仅仅依赖我们的眼睛，借助身体其他感官部位，注意力同样可以得到训练。

在这个的游戏里，会出现两个有趣的主人公：一个是"蒙面侠"，看不见，所以他的每一步行动都需要听取别人的指令后才能进行；另一个是"引路人"，他不能行动，但是能看见一切事物，所以可以提供指令来协助"蒙面侠"。

游戏里，爸爸或妈妈可以扮演"引路人"的角色，再给孩子戴上一个眼罩，让孩子扮演"蒙面侠"。

在玩游戏的时候，"引路人"和"蒙面侠"必须在屋子的不同角落。游戏开始，远处的"蒙面侠"便根据"引路人"的指令和引导，慢慢走向"引路人"。

在游戏的全过程中，"蒙面侠"一步步专注地听取"引路人"的指示，想法子穿越每一个障碍物（客厅里的沙发、垃圾桶、小凳子等家具），途中不能碰撞任何物件，直至来到"引路人"的身边，就算完成任务。

• Tips

这个过程中家长的指令一定要明确，不要说"再走，再走，停"这样的话。而要说："往右三步，往前一步，抬高腿跨过去。"用准确的方向、动作加上步数，来指导孩子的行动。

游戏刚开始的时候，戴上眼罩的孩子可能有点紧张，但是当开始下达指令时，他们就会显得异常的兴奋。在游戏过程中，家长必须让孩子知道，一定要专心听取"引路人"的指令才能行动，否则很容易被磕着碰着，甚至受伤。如果孩子转错了方向，或者数错了步子，家长也要及时叫停，纠正后再继续。

玩这个游戏，不仅听指令的人会受到训练，发出指令的人也会得到锻炼：你会有意识地不断修正自己的口令，帮助孩子更好地理解和执行。当你的口令越来越简洁清晰，孩子执行得越来越准确快速时，恭喜你们，你们双方都取得了很大的进步！

2 精听细算

训练目的：增强专注倾听、默记的能力，以及记忆、观察、倾听等多个行为协同工作的能力
道具要求：任何有 300~500 字的绘本
参加人数：2 人

5 岁以上

爸爸妈妈平时都有给孩子朗读绘本的习惯吧？"精听细算"这个简单但有效的游戏，可以让孩子们在听故事的时候，注意力也得到训练。

爸爸妈妈可以随便选取一本绘本，唯一的要求就是这个绘本的文字不能太少，最好有 300-500 字的文字量（书的版权页上一般会注明这本书的字数）。

孩子不能看绘本，只能听爸爸妈妈朗读绘本。这绘本最好是孩子熟悉的，这样孩子会关注在游戏中，而不是被故事情节带着走。朗读之前，爸爸妈妈可以和孩子事先约定需要从朗读的内容里听出某类事物或某个字出现的次数。

比如，你可以和孩子约定听出并计算绘本里出现了几次带有"颜色"的词？红色、黄色、绿色、蓝色、黑色、白色等都属于被计算的范围。

待孩子说完他计算出来的答案后，你可以从第一页开始，和孩子一起找出相关的字或词，确认一下孩子是否真的都记对了。

一开始可能孩子记得并不那么准确，你可以把书交给孩子重新数一遍：说的数目是不是正确不重要，孩子在这个过程中保持高度集中的注意力，才是更重要的。

• Tips

你们也可以约定绘本里：出现了几个地点或建筑物？出现了几次"爸爸"或"妈妈"？出现了几次"山"字或"海"字？出现了几次"宝宝"这个词？出现了几次"爱"字？等等。

3 守护宝藏

训练目的：提升专注力，集中注意力
道具要求：下面有空间的四脚凳子、眼罩、孩子的小玩具
参加人数：2 人

5岁以上

每个孩子都有心爱的玩具不想被人夺走，这个游戏就能教孩子通过听觉的集中力来保护心爱的玩具。

爸爸妈妈需要先准备一张四脚凳子，凳子的下面放上孩子喜欢的玩具（这里称为"宝藏"），让孩子坐在凳子上，用眼罩蒙上双眼，成为守护"宝藏"的"士兵"。这时候，爸爸或妈妈可以扮演偷宝藏的"大盗"，但是大盗的动作必须轻盈。大盗也可以轻微地制造一些声音，以考验孩子是否集中注意力倾听了。

游戏开始后，大盗要出声提示："我要开始盗宝了"，然后慢慢地靠近宝藏，并将它夺走。孩子扮演的士兵不能离开凳子，只能凭着听觉去察觉大盗会从哪个方向靠近。士兵也可以弯下身子不断挥动手臂，来守护住凳子下的宝藏，不给大盗靠近的机会。士兵一旦觉得大盗靠近了，就可以轻拍大盗的身体，这样就算是守护成功。如果大盗已经把宝藏给取走了，而士兵仍没有察觉，就算失败了。

这个游戏，也可以反过来，让爸爸妈妈当守护宝藏的士兵，孩子当大盗。孩子需要非常集中、缓慢且安静地完成任务，这也是非常考验孩子的注意力的。

4 答题达人

训练目的：增强专注力，培养独自完成作业的好习惯
道具要求：难度适宜的作业，计时工具（小沙漏或者手表等）
参加人数：2人

7岁以上

孩子在做作业或是读书时，很容易被外部的环境所干扰，进而导致分心，这个游戏恰恰能解决这个难题。

家长可以在孩子做作业之前，和孩子一起来完成一个注意力的小游戏。一般写作业之前，孩子会很乐于先玩个"小游戏"的。

家长可以根据孩子的学习情况出10道题，这些题可以是从孩子的课本或者练习册里摘出来的算术题、单词默写等不太难的题目。家长把题目写好，或者打印好之后，放在桌子上，并限定孩子在一定时间内完成（平均一道题需要15秒）。

当答题开始时，家长需要在孩子的身边放声歌唱或朗诵诗歌，如果觉得自己唱得不好，也可以打开电视机或者播放摇滚的音乐作为辅助，主要的目的是制造声音干扰，看看孩子能否在喧闹的环境中，成功答题，并且答题准确无误。当然，干扰声音的分贝不能太高，可以杂乱，但是不要刺耳。

如果孩子做题的时间要比平时长一倍以上，或者错误率高很多，说明孩子受到了干扰。要让孩子在安静的环境里重新做一遍题目并且检查。这样孩子会慢慢找到专注的感觉。重复吵闹—安静—吵闹—安静的过程，能够帮助孩子更好地抗干扰，集中注意力。

当孩子可以战胜声音的干扰后，你可以试着增加视觉上的干扰，比如孩子在答题时，你可以唱歌舞蹈、用吸尘机打扫或者做运动。当孩子的眼睛落到你身上时，你可以用手指指向他的作业题，让他知道，他已经跑神了。

之后，再按照吵闹—安静—吵闹—安静的方式交替进行，这样孩子抗视觉干扰的能力也会增强。

5 寻宝之声

训练目的：训练专注力、倾听力、协调力
道具要求：日常的起居空间，电视遥控器、手表、抽纸盒等家用物品
参加人数：2人

5岁以上

孩子都喜欢冒险，更喜欢一切与寻宝主题有关的故事，这个游戏就是依循寻宝心理为孩子设计的注意力游戏。

游戏开始的时候，家长可以为孩子设定一个有趣的寻宝环境——其实就是家里的客厅，还可以起一个神秘的名字，比如：仙女花园、海螺沙滩、梦幻岛、漂浮宫殿、魔法学校、亚特兰斯水晶宫、恐怖小镇、神秘博物馆等故事里或动画片里孩子喜欢或熟悉的场景。在每个环境里都藏有 3 件"宝物"——其实就是家里一般的家具或者小物件，但家长可以为每个普通的物件冠上神秘莫测的新身份，比如电视遥控器可以是恐怖小镇的镇邪木、一本时尚杂志可以是魔法学院的黑魔法宝典、一只手表可以是水晶宫的时光转移器、一个抽纸盒可以是海螺沙滩的宝藏箱……别忘了把家里的花瓶、瓷器等易碎品都挪开，给孩子安全的活动空间。

小小冒险家需要戴上眼罩，家长把准备好的宝物放到三个不同的位置，最好都放在容易摸到的地方，然后告诉孩子："今天我们来到冒险岛寻宝，这里有3个宝物，分别是时光转移器、能量苹果和宝藏箱。请冒险家开始前进，我会开始拍掌，我拍得越快，说明你离宝物越近。这个过程中请你缓慢移动，保证安全哦。"

由于孩子在游戏的全过程中都是戴着眼罩的,所以家长务必要注意孩子的安全,并嘱咐孩子不要着急,不要横冲直撞,找物件时也不要胡乱扫来扫去,而是要慢慢摸索。

几次练习之后,在听到掌声有变化时孩子能够轻松判断出准确的方位,这样专注力和倾听力都会得到极大的提升,不仅能在黑暗中保持平衡,身体的协调性也会增强。

6 听的世界

训练目的：培养听觉注意力，提高感受力，帮助镇定情绪
道具要求：日常起居的空间，以及铺在地上的垫子或毯子
参加人数：2 人

3岁以上

你也许不知道，如果仔细聆听周围的声音，在同一时间内，你至少可以听辨出十多种来自不同方向和物体发出的声音。

在客厅的地上铺上一张舒服的垫子或者地毯，你和孩子可以同时躺在垫子上，两个人完全地放松。然后你调好一个为时 3 分钟的闹钟，跟孩子说："一会儿我们一起闭上眼 3 分钟，看看能不能听到 10 种不同的声音！"

这 3 分钟里，你跟孩子不能说话，也要尽量避免发出声音。当闭上眼睛开始专注于聆听周遭声音时，你和孩子真的会打开一片新的听觉世界：墙上钟表的滴答声，窗外的鸟叫声、虫鸣声及风声，家里电器（冰箱、加湿器、空气过滤器、空调等）的轻微马达声，隔壁或楼下邻居发出的人声与动静声，门外传来的交通工具行驶声。如果孩子听觉注意力特别好，还能听到身体微微调整时发出的摩擦声，肚子里发出来的咕噜声，鼻子里发出的呼吸声……平时我们不太注意的声音，原来时时刻刻都在演奏着"大自然交响乐"。

当闹钟发出声音后，游戏也随之结束。家长可以问孩子，在刚才的 3 分钟里都听到了什么声音，让孩子描述或努力模仿这些声音。如果孩子忽略了什么声音，家长可以提醒孩子，问问他是否有听到某某声音吗？以后孩子在玩这个游戏时，就能听得更为仔细了。这个注意力游戏也能够让孩子和家长的心变得安静起来，身体也会变得放松。

如果中途孩子说话打断了游戏，家长可以简单回答孩子。在 3 分钟时间到了之后告诉孩子："我刚才还听到了你提问的声音，你不耐烦挠头的声音。你有听到我发出的什么声音吗？"

> 如果喜欢这个游戏，还可以在公园的长椅上，在海边的沙滩上，在山顶的草地上，在游乐场的休息区，在一切你有机会停下来的地方做这个游戏。你和孩子可以找一个安全舒服的位置，打开耳朵，感受这个"听的世界"。

7 打盹的狮子

训练目的：培养注意力以及肢体控制力，并自主预测行为后果的能力
道具要求：日常起居空间
参加人数：3人以上

5岁以上

爸爸或妈妈需要在这个游戏里扮演凶恶的"狮子"，并且这只狮子身边有一件"宝物"（可以是孩子的玩具）。狮子现在正在洞穴——沙发或者床上睡觉，但是任何一点动静都会

惊醒这只狮子，所以要做到完全不发出声音地靠近狮子，并拿走特定的宝物，就成了一件非常困难的事情，而这个艰巨的任务，孩子能够胜任吗？

这个游戏可以在卧室或客厅进行，扮演狮子的爸爸或妈妈可以睡在床上，或者躺着沙发上闭上双眼歇息，宝物就放在狮子身边。

游戏开始时，孩子需要先听见狮子的打盹声，才可以开始夺宝行动。只有安全地拿走宝物，离开狮子的洞穴——沙发或者床，才算任务成功。

在整个游戏的过程中，孩子若发出任何声响，比如碰到周围的东西、和狮子的身体有接触等，将会惊醒狮子，饥饿的狮子就会把夺宝人给"吃了"。扮演狮子的爸爸妈妈可以在必要时，发出打盹声来打破安静的环境，增添紧张感。

进行这个游戏时，要注意安全。除了扮演狮子的家长，也需要另一个家庭成员来看护孩子，因为当孩子发现狮子惊醒时，紧张之下，往往会胡乱窜动，很容易撞到家里的家具、墙壁，或者跌伤。

8 爸爸说 / 妈妈说

训练目的：着重培养听觉注意力，提升孩子对指令的关注，培养孩子的执行能力
道具要求：无
参加人数：2人

3岁以上

这是一个对孩子发指令的游戏，发出指令的人如果是爸爸，那么这个游戏就叫"爸爸说"，如果发出指令的人是妈妈，那么这个游戏就叫做"妈妈说"，当然，也可以是"爷爷说"、"奶奶说"、"姥姥说"或"姥爷说"等。

游戏很简单，以"妈妈说"为例。妈妈每次对孩子行使指令时，都必须在指令前添加 3 个字——"妈妈说"。例如："妈妈说，坐下！"孩子听到这个指令才需要坐下；如果妈妈只是说"坐下"，孩子是不用遵守指令的，如果这时候孩子坐下来的话，那么就算输了。如果孩子可以顺利完成 20 个口令，那就非常厉害了，一定要好好表扬一下，他会非常有成就感的。

这个游戏是非常考验孩子的听力的，因为他需要非常注意"妈妈说"3 个字的出现，方能行动。这个游戏不仅训练了孩子的注意力，同时也大大提高了孩子的反应能力。

> 可供参考的其他口令：
> 蹲下，起立，向左转，向右转，举左手，举右手，抬头，低头，摇头，点头，指眼睛，指鼻子，拍手，双手举高，跳一下，弯腰，跳两下，顺时针转一圈，边跳边挥手，扭屁股，捂脸，拍肚子，耸肩，假装刷牙，假装擦黑板，假装拧毛巾……

9 故事大王

训练目的：培养专注力，提升孩子的记忆力和表达力
道具要求：无
参加人数：3人

7岁以上

这个游戏需要两人一组（一个家长跟一个孩子，或者两个孩子）面对面进行，一名家长充当裁判。裁判先确定一个故事，这个故事必须是参与游戏的两人都熟知的（比如格林童话，孩子看过的绘本故事或者是学校老师讲过的故事）。

游戏开始的时候，两人必须看着对方的眼睛，同时告诉对方这个故事。至于故事的具体内容和顺序，都可以按照个人的表述喜好来进行，但是在讲述过程中，两个人都必须能够做到专心致志地、流畅地把故事讲完，故事情节完整，不重复对方的话，也不能丢失关键的情节。裁判要处在两人的中间，听着双方同时讲故事。如果有一方突然停顿下来，不知道怎么衔接，或是故事顺序或者人物发展已经乱套了，就算是输家，另一个人就是这个回合的"故事大王"。

　　孩子专注力越强，故事中包括的细节就越丰富。这个游戏特别考验一个人的注意力，试过你就知道了！

> **• Tips**
> 　　需要注意的是，这个游戏的参与双方没必要故意提高音量来影响对方，只需要看着对方，心平气和地把自己的故事讲完整就可以。

10 靠谱的快递员

训练目的：培养孩子除视觉之外的听觉、触觉等多个感官的联合注意力，加强孩子感觉统合的能力
道具要求：5 封信纸、眼罩、计时工具
参加人数：2 人

5 岁以上

这个游戏可以让孩子在屋里的各个房间穿梭。这一次，家长将扮演快递员，而孩子则是快递员的"摩托车"。孩子需要戴上眼罩，所以这辆摩托车是完全看不见前方的，唯有靠身后的快递员给予指示方能行动。

游戏开始前，爸爸或妈妈需要在屋子的各个角落放好五封信，最好都是显而易见的位置。整个游戏限时 5 分钟，快递员需要把手搭在摩托车（孩子）的肩膀上：当双手搭上肩膀时表示"前进"；当快递员嘴里发出"哔哔"声，双手离开肩膀就是"停止"；当快递员轻拍两下左肩膀，就是左转，轻拍两下右肩膀，则是右转；如果轻轻地抚摸头发则是倒退。

学会这些指示后，快递员就可以"骑着摩托车"开始四处收取邮件了。如果孩子没有做对指令，家长要牵住孩子不让孩子前进，直到孩子反应过来，做出正确的动作才可以。

记住，过程中一定要注定孩子的安全，如果孩子觉得晕眩或者不舒服，就先摘掉眼罩，让孩子休息一会儿。

这个游戏能够训练孩子把行为指令翻译成语言指令，再快速做出反应的能力。经常玩，孩子会非常善于抓住他人的暗示，完成指令。在人际沟通中，会更加受人欢迎。

11 排除干扰

训练目的：培养孩子的听觉注意力
道具要求：快节奏的或热闹一点的歌曲
参加人数：3 人

4 岁以上

很多人都在信号不好或喧嚣的地方接打过电话。这时，打电话这头的人得放大声音、放慢语速说清楚，接电话那头的人得非常专注的听着，两边都很吃力。这个游戏就是让孩子和家长模拟在这种糟糕的状态下，如何用手机准确地给对方传递信息。

玩游戏之前，家长可以和孩子先设定一个通话情境。根据孩子的能力，准备3—5条重要信息。比如，爸爸今天会晚回家，让孩子转告妈妈几件事情：

（1）爸爸今天在公司完成14份报告书后才能回家；

（2）爸爸大概会在晚上11点37分才能下班；

（3）让妈妈带家里的小狗到小区遛一遛；

（4）如果楼下的小卖部没有关门，让妈妈帮爸爸买一只玉米冰棍；

（5）让妈妈帮爸爸准备一条明天开会用的红色领带。

同时，为了考验孩子的注意力，妈妈还需要准备一首"吵闹"的歌曲，播放时调大音量，干扰两个人的通话。

玩游戏的时候，家长和孩子可以站得远一点，相隔5—8米左右，但要能看到彼此。接着，两个人就可以用无实物的方式来表演在吵闹的环境中拨打和接听手机了。

当爸爸说完全部信息后，就可以挂上电话。这时，妈妈可以关掉音乐问问孩子："宝贝儿，刚才是谁打电话来啊？爸爸？爸爸都说了些什么？详细告诉妈妈。"看看孩子能记住多少爸爸刚才交代的信息！

在嘈杂的环境里，能集中注意力倾听并且记住指示，孩子需要有很强的抗干扰能力，比单纯的记忆难度更高。这个游戏玩得越好，孩子平时做事也会越专注，在课堂中也能记住更多知识点，不受其他同学干扰。经常练习，孩子更了解如何控制自己的注意力，从而学会专注地倾听。

4到6岁孩子玩这个游戏，可以先记物品的名称，随年龄增长逐渐过渡到记信息。4岁孩子只需要记住3个物品，每增加一岁，记忆的物品增加两件。7岁以上的孩子可以练习记住5条信息（特定的时间、地点或者做什么事情），每增加一岁，可以给孩子增加两条信息。

其他的游戏情境设计还包括:

(1) 爸爸在超市,让孩子问问妈妈今晚吃火锅要买些什么材料;

(2) 妈妈的车坏在路上了,让孩子转告爸爸到某个地点"救"妈妈;

(3) 爷爷在动物园,打电话告诉孙子自己看见的一切有趣的事;

(4) 奶奶换了新电话号码,打电话告诉孙子;等等。

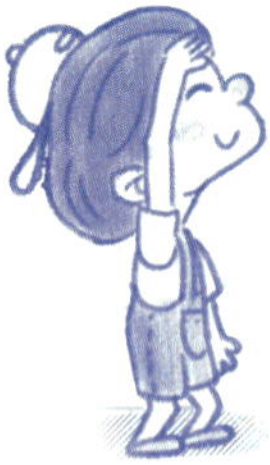

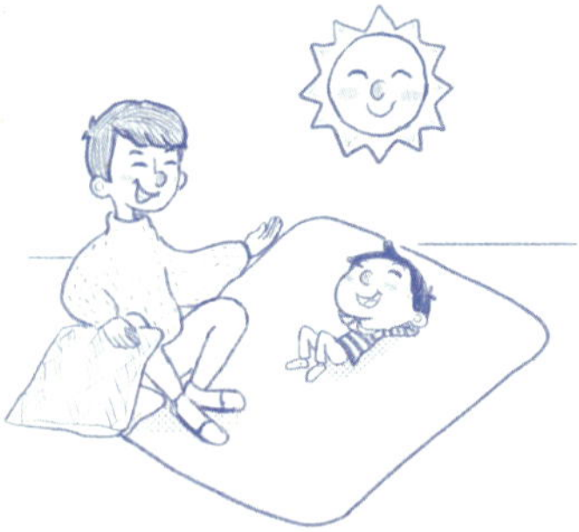

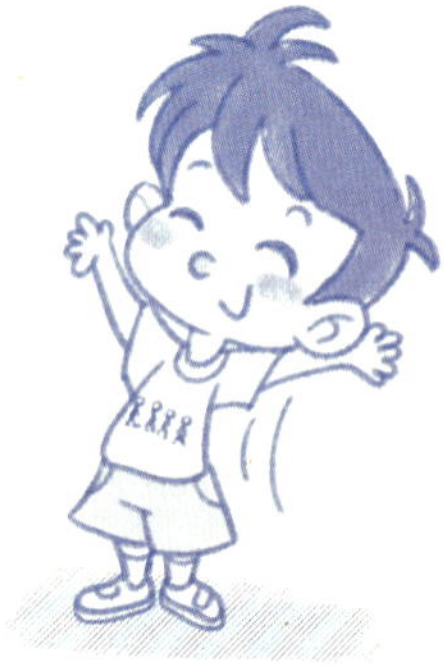

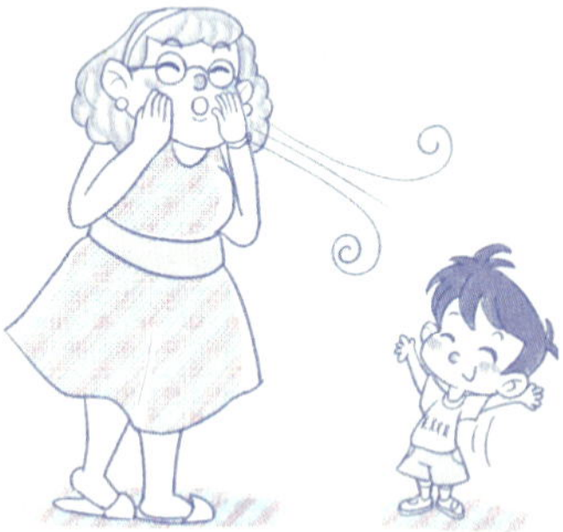

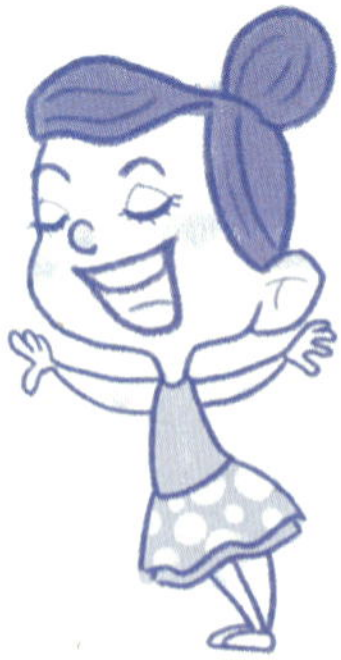

三

感受力

孩子为什么需要感受力呢？

试想一下，如果让孩子写一篇关于秋天的作文，绝大部分写的都是："天气凉了，叶子落了，草地黄了，大雁南飞了。"明明经历了那么多秋天，为什么感知到的秋天就只有这四点呢？因为大多数孩子没有真观察，观察后没有汇聚到心里形成感受，产生感受后没有记住，也没有去调动。

而少数感受力强的孩子感知到的信息，则会比感受力弱的孩子，多出几倍。即便以极其普通的日常生活题材为主题写作，有感受力的孩子也能写得很出彩。

以逛超市为例，走进超市，一般人就直接奔向要买的商品了。但是感受力强的孩子马上就能对超市里环境的变化产生反应：冷气扑面而来，感受到阵阵凉意；听到超市里正在播放的音乐声、玩具区的哭闹声、收银台的结账声；经过不同的售卖区，闻到不同的味道：冷冻区海鲜和肉类的腥味儿，面包和烤鸡的烘焙味儿，蔬菜水果的甜美香气……购物车那冰冷的把手的温度，铁轮发出的嘎吱嘎吱声，熙熙攘攘人群中你推我挤的感觉，孩子也能细腻地体验与感受到，并储存在感官记忆中，而这一切都会成为写作文绝佳的素材。

当然，不止是写作文，未来孩子从事绘画、摄影、导演、写作等创意类的工作，都少不了感受力的运用。如果不有意识地培养，到时候他对很多事物的感知都会非常有限。

而孩童阶段是培养感受力的窗口期，过了这个阶段再培养，效果就会大打折扣。

家长可以在孩子三岁开始就通过游戏来培养他的感受力，包括触觉、听觉、视觉、身体各个部位、情绪等各个方面的感受力。

随着长期的培养，你会看到，你的孩子和不懂感受的孩子之间，会差出一个丰满的灵魂。

1 我是搬家工人

训练目的：锻炼孩子的想象力、感受力、模仿能力及调取记忆的能力，增强孩子的肌肉控制力
道具要求：日常起居空间
参加人数：2人以上

5岁以上

"我是搬家工人"这个感受力游戏，需要爸爸妈妈和孩子一起成为搬家公司的工人。放心，不是搬真实的家具，而是想象中的家具。

你们可以想象独自搬运小件的家具，如椅子、箱子、书本、行李箱等；也可以想象一起搬运大件的家具，如冰箱、钢琴、沙发等。

通过想象，感受不同东西的重量、大小，准确地完成动作的模仿。

场景可以是这样的：我们住在一栋楼的第三层，我们需要从三楼开始搬运各种家具和重物到一层。搬运的方式可以是抱、背、举、拖、拉、拽等，但是必须保证家具在搬运过程中，不被损坏。当爸爸妈妈和孩子一起想象搬东西下楼时，每下一层楼，都可以和孩子说："让我们把东西放下来歇一会吧，要轻点呦，不要磕坏了。"然后接着往下搬。这种感觉很奇妙，明明就在自己屋子的大厅里，我们却能感觉自己已经下了好几层台阶。

你也许会问，干嘛不放进电梯里搬运呢？非常对不起，这栋三层楼的建筑物，没有电梯，只能把家具从楼上搬下来。

这个游戏除了让孩子学会掌握肌肉的控制，更重要的是体验搬运重物时的身体感觉和感受。如果孩子在搬运某个物件时显得物件太轻了，你可以提醒孩子，加大想象中的物件重量。你甚至可以让孩子去尝试一下搬运真正的物体，记住身体的感觉，再凭空表演出来。

有意思的是，就算是无实物的表演，一般也能让参与者口干舌燥、汗流浃背，仿佛真的运动了一番。

2 调皮的小太阳

训练目的：建立和深化对触觉的感受力，培养感觉的敏锐性
道具要求：瑜伽垫一类的垫子或沙发
参加人数：2 人

5 岁以上

"调皮的小太阳"是一个不牵动肌肉活动的练习，也是我在冬日里最爱玩的游戏。

让孩子平躺在瑜伽垫子上，或是躺在沙发上，闭上眼睛安静地休息。爸爸妈妈开始讲述，让孩子想象阳光洒在自己身上的感觉。

爸爸妈妈可以跟孩子说：小太阳开始照在你的头发上了，你能感受到吗？头发现在暖呼呼的。然后小太阳慢慢地移动，现在开始照到你的眼皮了，你能感受到热度吗？小太阳继续移动，现在照到了你的脸颊、你的鼻子、你的嘴唇、你的耳朵、你的脖子……就这样，通过小太阳慢慢的转移，让孩子去感受阳光照到身体不同部位的感觉，直到脚底板。10分钟的练习，孩子无需说话，只要好好地放松下来，身上自然会变得温暖。

如果孩子说自己感觉不到小太阳，爸爸妈妈也不必着急，可以温柔地说："请把注意力集中在你的眼皮上哦，一直想着你的眼皮，直到眼皮开始变热。你感觉到了小太阳照着你的眼皮了吗？如果感觉到了，小太阳要移动喽，请把注意力移动到你的鼻子，一直想着你的鼻子……"如果孩子咯咯地笑，只要提醒孩子集中注意力在身体的一个部位就好，慢慢让孩子用注意力，观察自己从头顶到脚底的每一寸身体。

偷偷告诉你，就算是在寒冷的冬天，做这个游戏的人也能够流着豆大般的汗珠哦，至少我自己是这样的。不信，你来试试！

> 爸爸妈妈也可以举一反三，通过"下雨""下雪""刮风"等其他方式来训练孩子的感受力！

3 大风吹

> **训练目的**：让孩子通过准确判断行为的力气和速度，训练不同肢体部位的感受力和灵敏度
> **道具要求**：室内
> **参加人数**：2 人

5 岁以上

这个游戏不能在室外进行，只适合在无风的室内进行。孩子在这个游戏里要扮演一棵大树。

"大树"要舒服地站好，双臂展开朝上当作树杈，两只脚与肩同宽站定当作树根，牢牢地与地面接触，不能随便移动。爸爸或妈妈会扮演风，可以随意地在"大树"身上的任何部位吹气。风可以有微风（轻轻拂过），小风（吹动树叶），大风（能吹动树杈），狂风（能吹动树干）。

家长可以先给孩子示范一下每一种"风"吹气的力度。而"大树"则要根据风吹的力度轻重、长短、急缓来给予不同的反应。比如说，大风轻轻吹动孩子的左臂，那么"大树"的左树杈只能轻轻地随着风势摆动起来，当风儿不再吹时，大树应该恢复原来的模样。

以此类推：如果大风使劲儿地吹着孩子的右臂，那么"大树"的右树杈可能会晃动得比较厉害；如果大风往孩子的肚子方向用力地吹，那么整棵"大树"可能都会摇动起来。但是一定要记住，不管这个风如何吹动，这棵"大树"的树根都是不能移动的。一旦风势退去，大树又得恢复原来的动作模样。

这个游戏主要是训练孩子的感受力和控制力，孩子可以根据身体感受到的具体风速和力度来做出反应。由于长期的用力吹气可能会带来短暂的晕眩，所以家长们在吹气时可不要太使劲，每一次吹气后，待"大树"恢复原样，再进行下一次的吹气。

4 歌曲变变变

训练目的：训练情绪感受力以及准确表演的能力
道具要求：无
参加人数：2人以上

5岁以上

"歌曲变变变"这个游戏可以让孩子认识一些基本情绪,比如高兴、愤怒、忧伤、思念、悲痛、恐慌、惊吓等。

你可以先让孩子根据自己的意愿唱一首已经学会的歌曲,"生日快乐"歌或者"英文字母"歌等,什么歌曲都可以,节奏快慢都没关系。然后你可以尝试让孩子用不同的情绪来唱同样的歌,看看孩子是否可以根据你给的"情绪词",重新演唱歌曲,进而学习去感受不同情绪所带来的不同感觉。

如果孩子唱歌的情绪不准确时,家长可以让孩子先演一演在生活中这个情绪是什么样的。比如需要孩子用悲伤的情绪唱歌,你可以问:"我们先停下来想一想,上次你在路边看到那只死去的小麻雀时是什么心情,你还记得吗?你能重新演一演当时的动作,回忆一下那种心情吗?你再带着这个感情,来唱一遍歌吧!"

这个游戏很适合家庭聚会的时候,让孩子展现他不同情绪的唱功,你也可以和孩子一起来唱,看看谁的情绪更到位。

5 手指的记忆

> **训练目的**：增强触觉感受力，培养孩子养成打开五感（视觉、听觉、味觉、嗅觉、触觉）进行观察的能力
> **道具要求**：室内、眼罩
> **参加人数**：2人

3岁以上

这是一个关于触觉的训练游戏，让孩子去感受不同物件的不同质感。在整个触摸游戏中，孩子只能伸出一根食指来判断触摸到的物件是什么。

你需要给孩子带上眼罩，然后带着孩子去触碰家里的不同物件，可以是钢琴、沙发、窗帘布、橱柜、各类电器、衣帽等，看看孩子能不能仅凭一根手指的触感，就猜出触摸的物件的真实身份。

如果一根手指感受不到，你可以让孩子尝试用手掌再次触摸，甚至用脸，用身体去感受整个物件的形状，相信孩子会慢慢发现，原来身边的每件东西都是这么不同。然后再让他用回一根手指，反复触摸他摸过的东西。经过这样的训练，孩子会很快变得敏锐起来。

别看这些熟悉的物件就摆放在家里，很多时候，我们并没有真正地去感受这些物件的质感，它是软的、硬的、冰冷的、光滑的、粗糙的还是毛茸茸的……这个游戏会给孩子一种"盲人摸象"的感觉，熟悉的物件变得陌生了起来，通过触觉重新认识这些物件。

6 海草摇呀摇

训练目的：帮助孩子缓解压力，增强对全身肢体的感受力，增强空间体验
道具要求：室内、瑜伽垫一类的地垫或地毯
参加人数：3 人

5 岁以上

水里的海草摇摇荡荡，无拘无束，自由非常，这种感觉棒极了！"海草摇啊摇"这个游戏就是让孩子有机会体验海草的感受。

先在地上铺好瑜伽垫子或者软地毯，爸爸妈妈跪在或坐在垫子两旁，孩子则站在两人之中扮演海草。孩子的脚跟必须由大人压住，不管怎么随波飘荡，脚跟都不能离地。海草可以随意地向前或向后倾倒，爸爸妈妈需要将孩子轻轻接住，顺着力把他推向另一个方向。

在这个过程中，孩子会感知到身体平衡的变化，以及个人和周围空间的关系，更好地增强对空间的感受能力。

游戏的过程中，孩子可以闭上眼睛，放松地摇晃，双手也可以随意摆动。但是爸爸妈妈得格外注意，时刻盯着孩子摇晃的方向，因为闭着眼睛的"海草"是没有方向感的，一不小心，"海草"就可能跌倒了。这个游戏可以纾解孩子身体的紧张感，让孩子进入一种自由的状态，同时也可以训练孩子肢体的柔韧性。

7 旅行探险家

训练目的：锻炼孩子的节奏感和身体表现力
道具要求：3米长，1.5米宽的一块空间即可
参加人数：2人及以上

3岁以上

爸爸妈妈都喜欢在寒假或暑假的时候带孩子去旅游，比如跨越非洲的沙漠，到日本的北海道滑雪，到北欧去看极光，或是穿梭热带雨林，让孩子感受不同地方的环境变化。"旅行探险家"这个游戏就是要激起孩子对不同环境的适应反应。

爸爸妈妈可以先在家里客厅的地上标上起点和终点的线，距离为2~3米，让孩子从起点开始往终点走动。在开始游戏前，可以先让孩子热身，让孩子尝试以不同的方式移动，其中包括：（1）爬行过去；（2）蠕动过去；（3）单脚跳过去；（4）双脚跳过去；（5）一瘸一拐地走过去；（6）快速移动过去；（7）僵硬地走过去；（8）摇摇晃晃地走过去；（9）轻轻地走过去；（10）重重地走过去；等等。

热身以后，就可以让孩子正式游戏啦！每一次的走动，爸爸妈妈都要为孩子提供一个新环境。比如说，现在孩子要跨越的是撒哈拉大沙漠，沙尘暴正迎面吹来，孩子作为探险家，会怎么迎风向前，到达终点呢？

•Tips
提示孩子：你要用手挡住头，身体往前倾斜，用尽力气迈出每一步。

探险家又来到了一个沼泽，探险家的每一步都很容易陷进沼泽地里，该如何走到彼岸呢？

•Tips
提示孩子：每次伸出脚都要小心试探看能不能踩到底，如果不能就要换个地方。步子一定要小，要慢，踩稳了才能换重心继续前进。

• Tips

提示孩子：捂住鼻子，步子要轻快跳跃，不要踩到有熔浆的地方。

若要横跨滚烫的火山地面，孩子能够不让双脚烫着地走到对岸吗？

这次探险家要穿越的是一条潺潺的小溪，冰凉的溪水刚好与膝盖齐高，但是小溪里有很多大石块，一不小心，可能会踩到石块滑倒，水里也有很多小鱼亲吻着孩子的脚丫子呢。

• Tips

提示孩子：要摸着石块过河，脚下每一步都要踩稳。可能有小鱼亲你的脚，你可以缩回脚指头，如果太痒忍不住，还可以咯咯地笑。

除了现实生活的场景，家长也可以让孩子在虚构的场景下表现徒步的感受，如果孩子想象不到，家长可以给孩子具体的提示，比如：

　　（1）在黏糊糊的蜂蜜上行走——你的脚抬起来会变得很费力，不断拉起糖丝来，要感觉有一股力气黏住你的脚底，不让你往前走。你要拼命跟它对抗。

　　（2）在颤抖的果冻上行走——小心！地面又软又滑，像是起伏不停，你的身体会不断晃动，你要很小心地维持身体的平衡。还要轻一点，别把果冻踩塌了。

　　（3）在软绵绵的云里行走——你的每一步都会使不上力气，你可能要坐在云朵里，爬着往前走。

　　（4）在滑滑的铺满肥皂的地面上行走——想象第一次滑冰的感觉，你可能要扶着墙，一步步往前蹭，稍微不注意就会重心一歪，摔个屁股蹲。

　　（5）在蜘蛛网上行走——顺着细细的蛛丝爬，像走钢丝绳一样，一定要慢，要稳，不要从蛛网上掉下去了。

　　这个游戏不需要让孩子快速匆忙地从起点跑到终点，过程才是最重要的。爸爸妈妈在行走过程中可以尝试跟孩子描绘场景环境的各种可能性，准确的用词也能帮助孩子学会很多有关环境的新名词和形容词。

8 感受疼痛

训练目的：培养对于不同身体部位的关注和感受力，加强自我认知
道具要求：瑜伽垫一类的地垫或地毯
参加人数：2 人

5 岁以上

很多小朋友都喜欢这个游戏，因为他们可以通过想象的疼痛来宣泄他们身体和声音的能量。

家长在地上铺上一张地毯或者瑜伽垫子，孩子站在垫子中间。家长每说一个身体部位，孩子就要感受那个身体部位的疼痛。如果说，左耳受伤了，孩子就要去感受左耳带来的疼痛感（你可以问问孩子左耳受伤了会有怎样的感觉并引导孩子做出相应的动作。比如，立刻捂住左耳，想象耳朵疼痛可能会让你歪着脑袋，皱眉，龇牙，倒吸冷气）；如果说，右腿被撞了，那么孩子就要去感受右腿受伤的感觉，并作出反应，这个反应可以是坐下，因为站不起来，也可以是痛得喊叫起来。除此之外，也可以让孩子体验牙疼、手指疼、指甲疼、脖子疼等。

• Tips

家长除了可以说出外部器官的损坏，也可以说说内部器官的损伤，比如，肝脏疼痛、心脏疼痛、胃疼等。如果孩子不清楚内脏的分布位置，家长可以指示孩子不同器官的正确方位。

游戏结束后，家长可以问问孩子，身体部位出现问题的感觉好受吗？没有了这些器官或者部位，会带来什么不便呢？通过这个游戏，孩子会更珍惜自己的身体，好好呵护身体的每一个部位与器官。

9 含羞草

训练目的：激发孩子身体对细微变化的感受力和反应能力
道具要求：无
参加人数：2人

5岁以上

孩子们认识含羞草吗？由于含羞草的叶子对热和光容易产生反应，一旦受到外力触碰就会立即闭合，叶柄下垂，表现出有气无力的样子，而且整个动作仅仅在几秒钟内就已经完成。含羞草的这种合拢运动属于一种自卫方式，动物稍一碰它，它就合拢叶子，这样的话，动物也就不再吃它了。这个游戏就是利用了含羞草的这种特征。如果孩子还不知道含羞草，家长可以带孩子去植物园里实际观察一下，或者在网上找一些视频资料提前了解一下。

在这个游戏里，孩子扮演花园里的含羞草，两臂张开，脖子伸长，舒展身体来迎接阳光的照射，此时爸爸妈妈可以用手指头轻轻地触碰"含羞草"的任意部位，看看这株"含羞草"会有什么样的反应。含羞草应该马上收回手指，手臂，把脖子缩起来，身子蜷起来。等到外在刺激消失后，再慢慢张开手指，手臂，舒展脖子和身体，就像"含羞草"一样慢慢地将自己的枝叶张开，回到原来灿烂高兴的模样。

10 水的变化

训练目的：培养孩子对不同物理属性的感受力，启蒙物理知识
道具要求：瑜伽垫一类的垫子
参加人数：2人

5岁以上

大家都知道，水滴在低温的情况下会变成冰块，再经由高温蒸发，又会成为水蒸气。在"水的变化"这个感受力游戏中，作为小水滴的孩子也需要经历水的3种形态（液态、固态、气态）的变化过程，来体验3种形态的感觉。

游戏开始时，家长可以准备一张瑜伽垫子或是软垫子，让孩子舒服地躺下，孩子可以根据家长给出的提示做出反应。

一开始，家长可以告诉孩子他是一滴顽皮的小水滴，跟同伴们一同畅游在小河流里。

• Tips

此时家长可以提示孩子：身体应该柔软地活动起来，尽量充满流动感和曲线感。

之后家长可以告诉孩子，冬天来临了，气温变得越来越低，天气越来越寒冷了，河里的小水滴结成冰了。孩子这时候要怎么表现结冰呢？家长可以用语言慢慢引导孩子——冰块不再像从前一样可以自由流动了，它开始寸步难移。最终，冰块静止了——孩子停住不动了。

• Tips

此时家长可以提示孩子：你的手和脚应该慢慢变得僵硬，身体也硬邦邦的，动起来很困难，每一次移动或者做每一个动作都显得特别吃力。

很快的，夏天来了，气温升高，人类都躲在家里吹空调了，冰面早已融化，曾经的冰块又恢复了液态模样，小水滴终于可以动起来了。

> • Tips
> 此时家长可以提示孩子：你可以让身体变得柔软起来，好好地伸个懒腰吧。

气温越来越高，将近40度。不对，为什么小水滴渐渐变轻了呢？为什么小水滴好像要飞起来了？没错，这时候小水滴不再是液态状了，它开始变成了水蒸气！变成了水蒸气的孩子要如何改变他的形态呢？

> • Tips
> 此时家长可以提示孩子：现在应该感觉轻盈地站起来，轻松地活动，仿佛变得更自由了，忽而向东，忽而向西，轻飘飘的，看着好玩极了！

渐渐地，水蒸气飘到了天上，越升越高，同时由于气温渐渐降下来，很多水蒸气聚在一起，身体变得越来越沉。

> • Tips
> 此时家长可以提示孩子：要慢慢躬下身子，直到蹲下来。

原来水蒸气们又要开始转换成雨水，从空中落下。一声劈雷闪电后，下起雨了，小雨滴就像坐上过山车似的，"嗖"的一声就从天上坠下，重重地落在了河里面。

• Tips
家长此时可以提示孩子：使劲跳起来，双脚再重重地落在地上。

• Tips
家长此时可以提示孩子：你可以像开始那样，自由自在地跟同伴们畅游在小河里，让身体柔软地活动开来！

天啊，摔疼了吗？最终小雨点融入了河水，变成了小水滴。

在这个游戏里，家长需要从旁引导，让孩子在扮演水的不同形态的过程中，去感受每种形态给身体带来的不同感觉。爸爸妈妈通过对孩子表情、肢体的观察，去帮助他们建构和体验这种想象世界的乐趣。

11 感受困难

训练目的：帮助孩子感受身体局限会带来的不同，增强对身体的认知和保护
道具要求：无
参加人数：2人以上

5岁以上

有没有想过，如果我们只有一只手，那该如何系鞋带呢？要怎么穿衣服呢？要打开一个瓶盖，又该怎么做呢？"感受困难"的游戏适合家长和孩子一起参与，过程中能让孩子学会珍爱自己的身体。

游戏很简单,就是假设我们缺了一只胳膊(左右手臂都可以,游戏的时候把手搁在身后就可以了),我们会怎么进行平常的生活动作呢?这些生活动作可以是:单手为一张小桌子铺上桌布;单手穿上一件带有纽扣的衬衫;单手系上鞋带;单手打开矿泉水的瓶盖;单手戴手表等。只要你能想到单手完成时会有困难的事,都适合拿来放在游戏里和孩子一起玩。为了让游戏产生紧张感和竞争感,妈妈可以在一旁当裁判,爸爸和孩子两方,谁先完成任务谁就是胜利者。

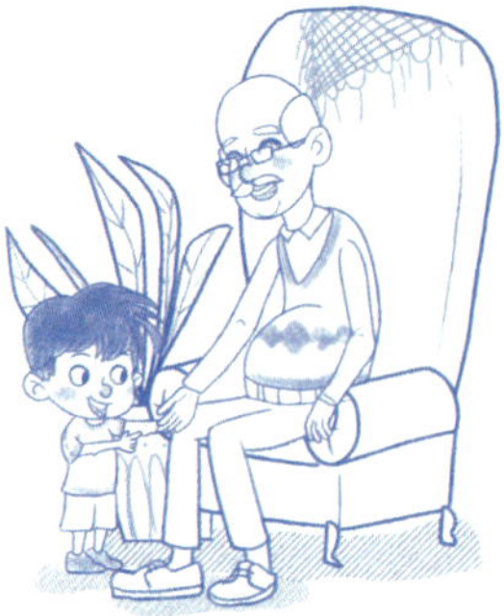

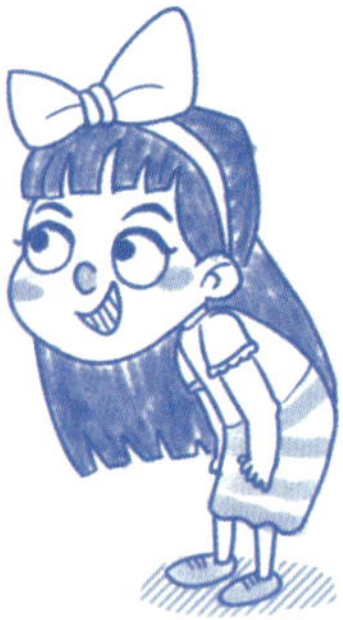

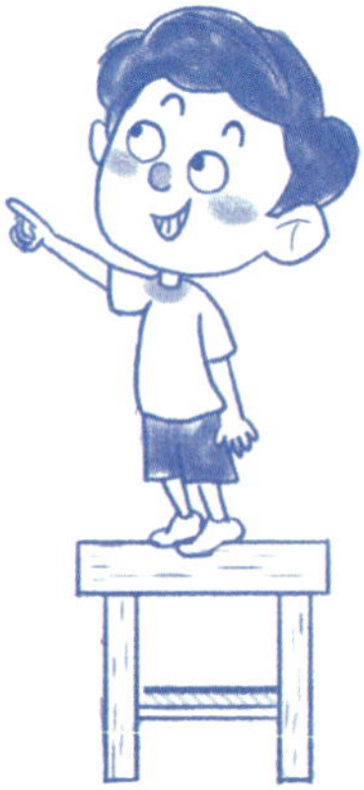

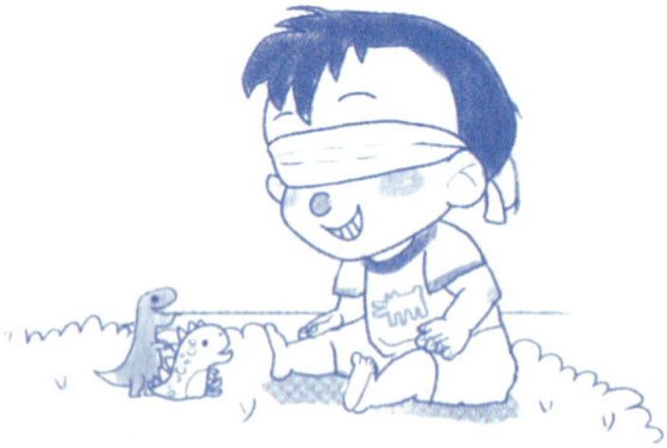

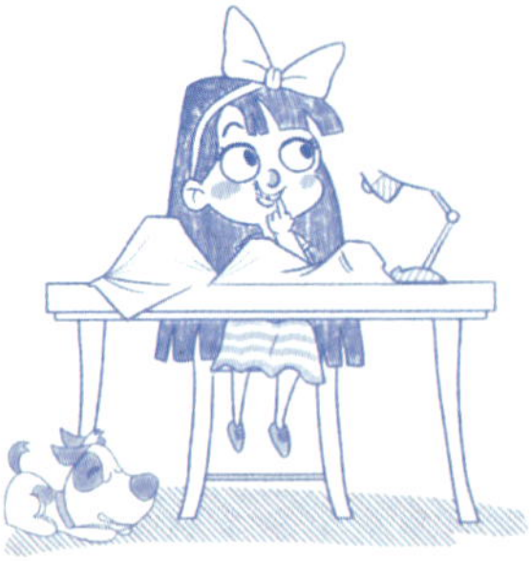

四

观察力

孩子上小学之后，很多家长几乎每天都在唠叨一句话：又粗心了！

写了错别字——"你又粗心了！"

数学运算把加号当作减号——"你又粗心了！"

考试审题不对——"你又粗心了！"

上学带错了本子——"说了多少次，你怎么还是粗心！！！"

家长总是习惯把粗心看作孩子犯错的原因。但实际上这些错误背后有很多原因。其中最重要的就是缺乏观察力。

写作业时，观察力好的孩子能够发现字和字的区别，能够准确捕捉每个符号；而观察力差的孩子在每道题上都花了大量时间，但又不知道怎么才能看细，错误就频频出现。日常表现就这样拉开了差距。

考试时，观察力好的孩子能看见每道题下的提示和要求，观察力差的孩子什么都没注意到，成绩就这样拉开了差距。

阅读时，观察力好的孩子看得快，而且还有余力去记忆和分析读到的内容；但观察力差的孩子要集中全部能量对付那一个个差别细小的方块字，读得又慢，效率又低，长此以往，知识积累就拉开了差距。

在生活中，观察力好的孩子能更容易打理好自己的生活，可以很快地看清各种标志牌，轻松找到需要的东西。他们还因为懂得"察言观色"，能更体贴人，也能交到更多朋友。

比如看到疲惫的爸爸下班回家，心情不太愉快，善于观察的孩子就会帮爸爸捶背，而不是吵着让他买玩具；同学难过时，善于观察的孩子就会轻拍他的肩膀安慰他，而不是跟其他同学高谈阔论；老师身体不舒服，善于观察的孩子就不会跟同学叽叽喳喳说话，而是为老师提供更为安静的上课环境，好让老师不用一直提高声量大声说话。

　　观察力是能力积累的基础，是学习的底层能力。但很多孩子在生活中不懂得观察周遭的人和环境，特别是有了手机和平板电脑以后，更是沉溺于网络世界的生活，忽略了身边的人和事物。

　　那到底要怎么培养孩子的观察力呢，我们一起来看看。

1 手的不同

训练目的：培养孩子的观察力和提问能力
道具要求：无
参加人数：2 人以上

4 岁以上

这个游戏看起来很简单，就是让孩子好好地观察自己的手和家长的手，但是玩起来也可以有很多变化。

首先让孩子仔细观察自己的手，说说自己观察到了什么。比如：
- 你的食指和中指有什么不同？
- 大拇指和其他指头有什么不同？
- 手心和手掌有什么不同？
- 手掌上有几条最明显的线？
- 每根手指的指纹都一样吗？
……

接着，让孩子观察一位家长的手，说说自己又观察到了什么不同。比如：
- 家长的手有什么特殊的地方？（有茧子吗？有伤疤吗？有痣吗？有装饰吗？哪里有装饰？什么样子的？）
- 孩子的手掌和家长相比有什么不同？（大小有不同吗？皮肤颜色有不同吗？气味有不同吗？摸起来的感觉有不同吗？温度有不同吗？）
- 家长的手能做什么事情是孩子做不到的？孩子的手能做什么事情是家长做不到的？

之后，让孩子看着家长的手，试着提出至少3个有关手的他觉得疑惑的问题。如果孩子提不出来，家长可以和孩子轮流对对方的手来提问和回答；让孩子模仿家长提出问题，从而慢慢学会主动提问。

家长可以问:
- 为什么你的手指边缘坑坑洼洼的呀?
- 为什么你的手这么白,这么嫩?
- 你的手能拎起最重的东西是什么?
- 如果没有手,你觉得什么事情做不了?

……

再进一步,可以让孩子观察更多家人的手,找不同。还可以把家人的手都拍成照片,让孩子来试试能不能认出是谁的手。

如果能让孩子学会了解每个个体都是独一无二的,那么将来孩子踏入了学校或者社会,他会带着更大的尊重和好奇,去观察身边每一个人,每一件东西,每一道风景。

> **• Tips**
>
> 观察中有几点需要注意:
>
> (1) 除了可以用眼睛观察,还可以去感受手的温度、触感、气味……
>
> (2) 鼓励孩子多提问,观察是提问的基础。如果孩子会提问了,说明观察能力增强了。
>
> (3) 不断加入更多家人的手,让孩子发现更多手的特征。
>
> (4) 在日常生活中也可以提醒孩子观察每个人都能做什么不一样的事情,帮助孩子养成在生活中观察的好习惯。

2 五处更动

> **训练目的**：培养孩子对人的观察和关注
> **道具要求**：室内、计时工具
> **参加人数**：3人

3岁以上

爸爸妈妈可以请家里的老人一起参与这个有趣的游戏练习。一个人坐在沙发上先摆好一个舒服的静止动作，成为"静止人"。这时候，让孩子仔细观察"静止人"，其中包括"静止人"的穿着打扮、面部表情、身体姿势等。

孩子在观察了3分钟之后，就需要转过身去，或者到其他房间去。爸爸妈妈可以在"静止人"的身上进行5处更动，这些更动可以是衣饰的调整（比如把结婚戒指从无名指戴到中指上，或者替换另一个发夹），也可以是动作姿势上的细微变更（比如弯曲某根手指）。

调整完以后，爸爸妈妈让孩子再次回来观察，并在3分钟内仔细观察"静止人"的5处变化，一一告知家长每一处变化的差异。

这个游戏也可以和年纪小的孩子玩。进行的过程中，家长可以把变化加大，把变化的部位减少。比如只给两到三处变化，在训练中随着孩子观察力的提高，再提高难度。

3 超强记忆

训练目的：训练快速观察能力，培养记忆力
道具要求：室内家里常用的物品，计时器
参加人数：2人

5岁以上

这是一个在训练孩子观察力的同时，还能强化孩子的记忆力的趣味视觉游戏。

1 家长在屋子里的一角或者某张桌子上摆放5样物件，比如手表、钢笔、台灯、植物、帽子或者球鞋等，最好每个物件的颜色都不同。

2 物件摆好后，家长用一块布将所有物件遮盖起来，然后让孩子在与物件保持约两米左右的距离站好（隔开两米距离，是为了让孩子注意到每一件东西，更好训练孩子保持专注）。掀开布让孩子观察物件 1 分钟后，再用布将物件遮盖起来，并且给孩子 15 秒的时间，让他在脑海里将看到的物件的具体特征捋一遍。

3 捋清楚以后，孩子需要逐一告诉家长每一个物件的 5 个信息。这些信息可以是物件的颜色和造型，可以是上面的文字和图案；如果是植物，可以是花朵的数量，甚至花瓣的数量；等等。游戏的过程中，孩子描述得越清楚越好。

对于年纪小的孩子，从记住 3 样物件的特征开始就可以了。

4 雕塑家

训练目的：帮助孩子养成在生活中观察的习惯
道具要求：室内
参加人数：2人

5岁以上

这个游戏是要考验孩子在日常生活中有没有去观察身边的人、动物或虚构的人物。

爸爸或妈妈会在游戏中担任石膏像，石膏像可以坐下来（如果孩子没那么高），或者根据"雕塑家"（由孩子来担任）的要求，躺在舒服的垫子上。

孩子虽然是雕塑家，但是这个雕塑家的雕塑工具只有自己的一根手指，孩子需要根据出题者（家长）的题目来完成雕塑作品。

出题内容可以是家里养的宠物、爷爷奶奶、姥姥姥爷、家里的某个亲戚、幼儿园的某个老师或同学、动物园里的各类动物、动画片里的人物等。

让孩子根据脑中对这些形象的印象，慢慢勾勒出石像的样子。雕刻的方式是让孩子用一根手指，把家长的身体各个部位推到应该在的位置，摆出孩子想象中的姿势，包括面部表情是微笑，是皱眉，都由雕刻家的手指来指引"石膏像"来完成。

完成之后，家长可以问问孩子，为什么他心里这个人物是这个样子的？孩子能不能自己摆一摆这个姿势，来看看和他"雕刻"的成果是否一致？

这个游戏可以帮助孩子在平日生活中去仔细观察周遭的人和事物。懂得观察后，孩子的眼里能看到不一样的画面哦！

5 调皮的数字

训练目的：培养阅读中的观察力
道具要求：纸、笔、计时工具
参加人数：2人

5岁以上

这是一个找错误的游戏，家长在一张纸上按照顺序写出阿拉伯数字 1~99，但是中间需要故意设计 15 个错误，让孩子在 5 分钟内把错误找出来，并用笔把错误的地方用圆圈圈出来。下面是一个例子。

1	2	3	3	5	6	7	8	9
10	11	12	13	14	13	16	17	18
18	20	21	22	23	24	25	26	27
29	30	30	31	32	33	34	35	37
37	38	39	40	44	42	44	43	45
46	47	48	49	50	51	53	53	54
55	56	57	58	59	60	59	58	63
64	65	66	67	68	69	80	71	72
73	74	77	76	77	78	79	80	81
82	83	84	85	86	87	88	89	90
91	92	96	94	95	96	97	98	99

家长在出题时可以根据孩子对数字的认识程度来做调整，比如说孩子已经会百位数的数字，那么就可以选择 177~275 之间的数字、333~431 之间的数字、545~643 之间的数字、776~874 之间的数字等来做错误的顺序调整。

如果孩子会乘法表，也可以用九九乘法表，画出 81 格，每一格写一条算式。然后故意写错某几格的数字，让孩子找出错误。

如果孩子有漏掉的，家长要帮助孩子一起找齐，直到孩子能够快速准确地独立完成，完成后可以奖励给孩子一个"观察力小侦探"的称号。

6 超级小侦探

训练目的：完成复杂场景中的实地观察
道具要求：室内、眼罩、计时器
参加人数：2人

5岁以上

这个侦查游戏可以发生在家里的任何一个房间。

首先，让我们的"小侦探"（孩子）来到案发现场（确定一个地点，可以是客厅、卧室、厨房、阳台、花园、浴室或家里的任何地方），小侦探在3分钟的时间内，将场地认真地巡视一遍，不要错过任何细节，认清现场每个能看见的物件的摆放位置和件数。小侦探确认清楚后，就可以请他戴上眼罩，在一旁休息1分钟。

接着，在这1分钟内，家长要调整案发现场的3个物件，改变物件的位置（比如说移动电视遥控器、调换两本书的位置、移走花瓶里

的一朵花、改变桌子上相片的方向位置等)。随后，就需要小侦探发挥自己的观察力了。摘下眼罩的小侦探能不能在有限的 5 分钟内找出 3 个物件的移动呢？

小侦探还有一次机会使用"询问令"，问家长变化了的物件靠近哪个方位，这时候家长需要提示大概处在哪个位置。

7 什么不见了

训练目的：培养快速观察能力和图像记忆能力
道具要求：室内，家里的各种小物件
参加人数：2人

5岁以上

家长可以在一张桌子上摆放许多的小物件，例如：鞋子、帽子、钥匙、卡片、小玩具、针线、玻璃弹珠、衣架、毛巾、香水瓶、牙签、汤勺、铅笔、尺子、药丸、发胶、梳子、明信片、记事本、电视遥控器、耳环、戒指等。家长可以根据孩子的能力来确定数量，不过每次游戏，最少都需要摆放10件物件。

摆好物件后，让孩子仔细观察每个物件并记住它们。之后让孩子闭上眼睛，家长悄悄拿走一个物件，藏起来然后让孩子睁开眼睛，重新查看满桌子的物件，问问孩子，刚刚丢失的物件是什么？

参与的孩子年龄越大，可以放的物件就越多，在他闭上眼睛后，家长可以一次拿走的物件也可以越多。

8 五颜六色

训练目的：培养眼脑配合的观察能力
道具要求：尽量在色彩丰富的地方，比如春夏秋三季的时候在公园里，也可以在家里进行
参加人数：2人

3岁以上

你知道孩子喜欢什么颜色吗？红色？黄色？绿色？金色？黑色？还是粉红色？不仅仅大自然为我们赋予多彩的颜色，如天空和大海的蓝色、晚霞和辣椒的红色、树叶和草坪的绿色、香蕉和菊花的黄色等，我们家里也有一堆的颜色可以让孩子发现。"找颜色"游戏除了可以让孩子发现各种东西的颜色，也可帮助孩子提升对周围事物的观察力。

每次游戏时,家长可以让孩子选择一种颜色,然后让孩子在 3 分钟内,到各种地方去寻找 10 个该颜色的物件。开始计时后,家长就可以尾随孩子到处寻找有关的颜色,孩子每找到一件该颜色的物件就可以指给家长看,家长就帮孩子记录,直到找到 10 个物件为止。如果 3 分钟内仍找不到足够多的物件,就算输了。

在孩子熟悉这个游戏后,家长也可以提高游戏的难度,让孩子寻找的物件必须同时包含设定的两种颜色,或是设定的三种颜色。

9 声音的世界

训练目的：培养听觉注意力
道具要求：安静的室内、眼罩
参加人数：2人

3岁以上

观察并不是只用到眼睛，而是可以用上多个感官。比如期盼爸爸回家的孩子就会竖起耳朵，凭着声音来观察门口靠近的脚步声是不是来自爸爸。

这个游戏的目标是训练孩子的听觉能力，看看孩子在闭上眼睛的时候，是否能够分辨出家长制造出来的声音。家长可以为孩子戴上眼罩，让孩子以舒服的坐姿坐在沙发上，家里如果有会发出噪音的家具，如加湿器或空气净化器，也请暂时关闭。家长可以制造任何声音,并重复3次,好让孩子听清楚。重复3次后,就可以询问孩子刚才听见的是什么声音。如果孩子实在回答不出来,家长可以制造另外一种声音。直到猜了4、5种声音后,家长可以让孩子摘下眼罩,看一看刚才发出的声音到底有哪些。家长可以制造的声音,包括:

(1)揉纸声;(2)撕纸声;(3)拍手声;(4)拍大腿声;(5)来回搓手声;(6)使劲儿的抓痒声;(7)轻拍地板声;(8)轻拍坐垫声;(9)鼠标点击声;(10)瓶子开盖声;(11)拉帘子声;(12)打开书包的拉链声;(13)翻书声;(14)敲打瓶子声;(15)玻璃杯撞击声;(16)喷雾喷射声;(17)轻拍桌子声;(18)抽纸声;(19)手指在玻璃杯上的摩擦声;(20)打开眼镜盒;(21)指甲敲击桌子声;(22)打开零食袋声;等等。

家长若想要增加游戏的难度,则可以同时发出两种声音,让孩子同时分辨两种声音的来源。

这个游戏本身是帮助孩子留意周围声音的好方法,所以家长和孩子可以一起不断尝试,看谁还能找到和创造出新的声音。

10 消失的扑克牌

训练目的：培养对双重元素的观察能力和短时记忆力
道具要求：一副扑克牌
参加人数：2人

3岁以上

玩这个游戏时，家长需要准备一副扑克牌，同时将两张王收起来，只保留四种花色从 A 到 K 各 13 张。

游戏开始之前，家长需要让孩子先认识扑克牌的四种花色图案，以及 13 张牌的内容和顺序。孩子认识了扑克牌之后，游戏便可以开始了。

如果孩子年龄小，家长可以先选出一种花色的 13 张牌，将其洗好，让孩子抽出一张，家长把它放一旁，抽的过程中不能让孩子看见牌面。接下来，家长把手里的 12 张牌逐一翻开给孩子看，每一张牌只能看 5 秒钟，然后翻过来放在一旁，直到看完全部 12 张牌为止。孩子需要在脑子里重新回忆看过的牌，告诉家长遗失扑克牌的号码或字母。

玩过一种花色之后，家长可以利用两种花色的 26 张牌来进行同样的游戏，让孩子抽走一张后，逐个翻开其余的 25 张牌，让孩子猜出抽走的扑克牌的身份。家长还可以让游戏难度不断增高——使用三种花色，直到四种花色。要在四种花色的 51 张牌中，凭着记忆去猜出缺失的那张牌，是非常考验观察力和记忆力的。

11 家人的照片

训练目的：训练孩子的观察细节的能力
道具要求：8—10 张家庭成员的老照片
参加人数：2 人以以上

4 岁以上

每个家庭都有很多老照片，记录着不同家庭成员的人生精彩瞬间。这个游戏要训练的就是，孩子能否透过对照片中人物的细微观察，将不同年代的照片按照时间顺序准确地排列出来。

首先，家长拿出 8—10 张不同年代的照片，里面可以是父母幼儿时代、少年时代、青年时代及成年后的模样。当然，照片里的主角也可以是其他任何一位家庭成员，比如爷爷、奶奶、姥爷、姥姥、姑姑、舅舅等。

• Tips
照片之间的时间跨度最好在 3 年以上，方便孩子辨认。

接着，家长把照片放在桌子上全部铺开，让孩子重新排列这些照片，看看是否能按照时间顺序正确无误地排列出来。

比如，你可以这样跟孩子说："这是你小姨从小到大的几张照片，你排排看，哪个是小姨小的时候，哪个是长大了一些的小姨？"如果孩子不知道怎么排列，或者排列错了，家长可以提示孩子观察人物的身高、发型，也可以从背景的建筑和做的事情来推测大致的年代。如果照片右下角有拍摄时间，那就是非常好的提示，看看孩子能不能发现。待孩子排好以后，你还可以给孩子讲讲每张照片背后的故事。

这个游戏除了可以训练孩子的观察与判断力，也可以增进孩子对每个家庭成员的了解。

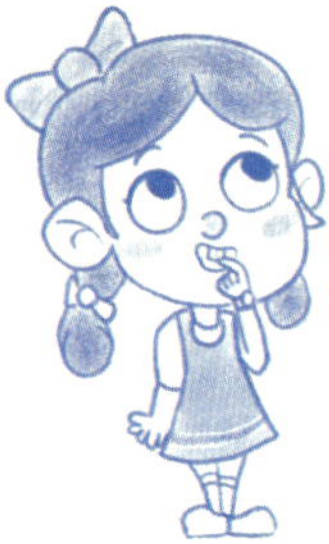
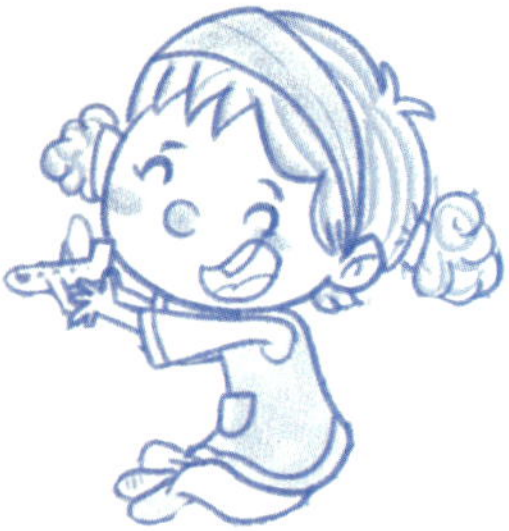
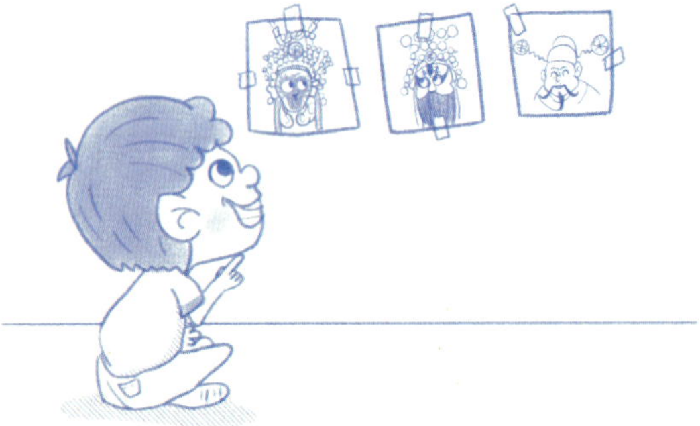
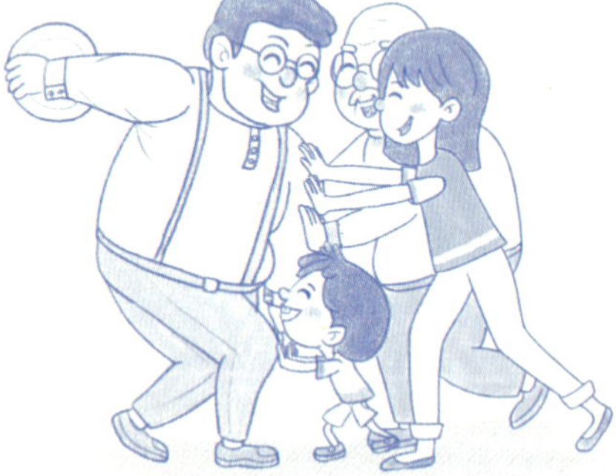
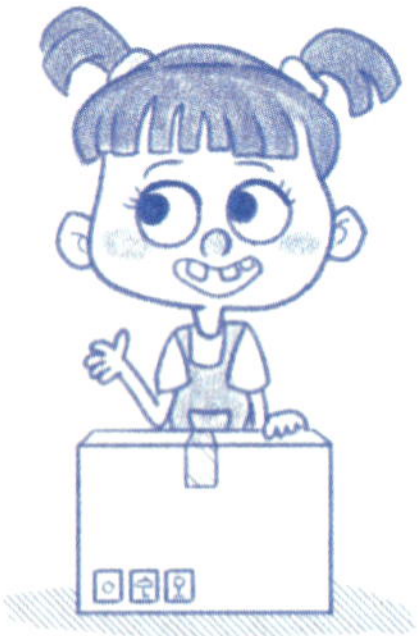

五

思考判断力

很多时候，一个人的思考判断能力决定了他的认知能力。

孩子如果从小有思考判断力，就能够分辨是非黑白美丑，他们知道做人不能撒谎，知道做错事需要道歉，知道浪费是不对的，也知道要珍惜光阴。学会了思考判断力，他们在面对陌生人时，会小心观察对方是不是有危险；有了思考判断力，他们做事情时就知道哪件事情比较重要，应该先完成，哪些事情不太着急，可以往后放；有了思考判断力，他们就知道什么食物对自己的健康有益，不会吵着家长买垃圾食品，他们能知道自律，不会吵着上网打游戏。

一个孩子的思考判断力的发展，大多会有这样几个阶段：

幼儿园（4—5岁）的孩子，慢慢能够掌握基于一般生活经验的推理。比如：吃西瓜籽头上没有长西瓜藤，那么吃苹果籽，头上也不会长苹果树；下雨天如果穿雨衣身上不会淋湿，那么打水仗时穿雨衣，身上也不会淋湿。

到了二年级（8岁）之后，孩子会有初步的因果意识。比如因为很多塑料袋被扔到了海洋里，所以造成了很多海龟的死亡。因为春天来了，天气暖和了，所以植物开始开花生长。充分掌握了因果意识，能够更好地理解知识。

四年级（10岁）后，孩子的抽象逻辑能力更成熟了。他们要开始练习区分观点和事实。比如今天天气很热，这就是观点。

今天有 38 度,这才是事实。掌握观点和事实的区别,能帮助孩子更好地选择可以信赖的证据,成为有独立思考力能力的人。那么,有哪些戏剧游戏可以训练孩子的思考判断力呢?

1 我是谁

训练目的：培养孩子的逻辑能力和推理能力
道具要求：无
参加人数：2 人以上

10 岁以上

"我是谁"这个游戏可以训练孩子获取推理材料，做推理判断的能力。

在做游戏的过程中，家长需要暗中给孩子设计一个新身份，这个身份可以是一种水果，一只动物，也可以是家里的家具电器等。孩子不知道自己的具体身份，只知道自己身份所在的类别，但是可以通过 10 次的询问机会，从家长答复的"是"或"不是"中去推理判断，猜测出自己的真实身份。举例来说。

家长：你是一种水果。现在可以开始提问，我只会回答"是"或者"不是"，你最多只能问10个问题。

孩子：我是红色的？

家长：不是。

孩子：我是绿色的？

家长：不是。

孩子：我是黄色的？

家长：是。

孩子：我是圆的？

家长：不是。

孩子：我是条状的？

家长：是。

孩子：吃我的时候需要剥皮？

家长：是。

孩子：我是香蕉？

家长：是。

如果10个问答过后，孩子还没有得出正确答案，就算挑战失败。家长可以公布正确答案，然后跟孩子一起讨论一下，刚才哪些问题问得好，哪些问题问得不够好，还可以怎么问（例如问题应该从大到小，逐步缩小范围，不能一开始就问细节），来帮助孩子练习分类、抓取特征和提问的能力。

> 以下是可以用来给孩子设计新身份的物品，供你参考：
> 水果（香蕉、苹果、西瓜、橙子、葡萄等）
> 动物（狗、猫、鸟、蛇、老鼠、蜘蛛等）
> 电器（电视、冰箱、手机、电脑、微波炉等）
> 文具（笔、橡皮、尺子、笔盒、本子等）
> ……

2 谁是领袖

训练目的：培养孩子的观察能力和判断能力
道具要求：能容纳 5 个以上的人围成圆圈空间
参加人数：5 人以上

7岁以上

这个游戏很适合家人聚会时玩。孩子先来做侦探，其他家人站着或坐着围成一圈。

游戏开始之前，侦探先要离开房间，闭上眼睛。家人们在此期间选出一个"领袖"。

游戏开始之后，侦探重新回来。领袖的任务就是潜伏在家人当中，带领大家做动作，做动作时注意不能太刻意，力争不被侦探发现；而且每过 30 秒还要悄悄换一个动作。其他家人的任务是在领袖做了动作之后马上跟着模仿，掩护领袖。侦探的目标则是在大家做动作的过程中观察到底谁是领袖，直到可以说出："停！我知道谁是领袖了！"

猜对的话，被猜出的领袖就得出去当侦探；猜错的话，所有人顺着停止前的最后一个动作继续游戏，让侦探接着找。侦探最多只有 3 次机会。机会用光还没猜出来的话，侦探就得继续离开房间，等待猜测下一轮的领袖是谁了。

在游戏的过程中，领袖做的动作不宜太难。因为如果其他成员都模仿不了领袖的动作，侦探是很容易揪出领袖的。领袖的动作可以是：拍手、甩手、摇晃头、耸肩、吐舌头、抓耳朵、眨眼睛、打哈欠、搓手、点头、摇头等。

如果孩子在观察的过程中一直没办法找出领袖，可以提醒他，先观察一下谁比较迟才换新动作，这些人就不是领袖。你可以教孩子逐渐把目标锁定在越来越少的几个人身上。挨个观察，直到揪出领袖。

相信这个游戏能让家人都活动起来，度过一段愉快的相聚时光。

3 来者不善

> **训练目的**：培养孩子的观察能力和判断能力，更好地"察言观色"
> **道具要求**：计时工具、纸笔
> **参加人数**：2人

7岁以上

有人突然开始请你做各种事情，你能从他的言谈举止中，猜出他来找你的目的吗？如果你能在3分钟内猜出这个人的目的，就算你赢；如果3分钟内猜不出，又或是让对方达到了目的，就算你输。这就是"来者不善"的游戏。

游戏开始前，家长在心里想好要让孩子进行的任务，写在纸条上，然后带着目的去跟孩子交谈。请注意，任务必须是在固定的房间内可以完成的。孩子则并不知道任务是什么，他要做好准备，努力在游戏的过程中通过家长的语言和暗示发现或猜出家长的目的，避开做某件事情，不让家长完成任务。

这个游戏的技巧是，家长不能一上来就把自己的目的表现出来，而是要旁敲侧击地在和孩子交流的过程中达成自己的目的。比如：

（在纸条上写下任务：跳一跳。）

家长：今天天气真好啊，你想不想下楼玩？

孩子：想。

家长：那我们玩完这个游戏就下去跑步吧。

孩子：嗯，好啊！

家长：我们要热热身，你跟着我做。

孩子：我不要。（警惕）

家长：你最近长得好快啊。来，我给你量量身高。

孩子：好。

家长：真的高了，不知道你跳起来能不能拍到门框了。王叔叔女儿都已经可以拍到了。

孩子：我能。（跳）

家长：（出示纸条）哈哈，你输了。

如果孩子玩得好，家长是很难"得逞"的。同样，这样的孩子平时在跟人交流时会更机敏，反应更快。

其他可以用来出题的内容有：（1）让孩子完成表达，比如唱歌、说英文、说我爱你等；（2）让孩子完成指定动作，比如拍手、跳舞、摇头、挥手等。

4 什么物件

> **训练目的**：培养孩子观察特征的能力，并联系多个特征做出判断
> **道具要求**：日常起居的空间及空间中的任意物品
> **参加人数**：2人或以上

7岁以上

这个游戏可以在家里的任何角落进行，可以是家里的厨房、浴室、卧室、书房、客厅、阳台或者花园。

游戏很简单，家长先选定好这个环境里的某一个物件，并说明物件的3个特征。孩子需要根据家长提供的3条物件特征线索去猜测这个物件是什么。

家长选好的物件可以是在房间里看得见的，也可以是看不见的，所以孩子不能通过到处看来找到答案。他必须经过思考，有目的地寻找，然后得出准确答案。

比如说：如果这个物件是冰箱里的鸡蛋，那么3个物件线索可以是："椭圆形、易碎、藏在冷空气里"；如果这个物件是花园里的

玫瑰花，那么3个物件线索可以是："红色、有刺、需要阳光"；如果这个物件是客厅里的一幅全家福照片，那么3个物件线索可以是："有很多颜色、平面的、带有回忆的"；如果这个物件是书房里的一支黑色的钢笔，那么3个物件线索可以是："黑色的、有尖的、可以随身携带的"；等等。

孩子如果能在短时间内想出符合3个特征的物体，反过来也可以让他来出题，让他找出3个特征来描述一件物体。如果孩子无法通过3个特征找到对应的物品，家长公布答案，并跟孩子一起讨论特征是否准确，孩子是否能说出这个物品更独特的特征。

长期练习这个游戏，可以提升孩子抓特征的能力，帮助孩子在做出说明时，选取更精准的语言表达。

5 移动雕像

> **训练目的**：培养孩子解决问题和周全考虑的能力，增加孩子的独立性和主动性
> **道具要求**：家里的客厅或空间大一些的房间
> **参加人数**：4 人或以上

7 岁以上

大家都见过美术馆里各类栩栩如生的艺术雕像吧？你有没有想过，这些雕像在完成以后，要如何将它们搬运到美术馆呢？你可以跟孩子玩一玩这个"移动雕像"的游戏，模拟搬运的过程。

在家里客厅的地上指定两个位置 A 和 B，相距大约 2 至 3 米。接下来，家长作为"艺术雕像"待在 A 位置上，或站着，或坐着，或躺着，还可以摆出任何有趣的造型，并处在定格状态。孩子则要指挥其他家人，一起将这个"艺术雕像"从 A 点挪到 B 点。

家长可以提醒孩子，由于这些雕像都是价值连城的艺术品，再也无法被复制，所以在移动过程中，必须考虑周全，不能让雕像的任何一个部位遇到危险。比如，搬运过程中不能让雕像碰到家里的

其他物品，更不能将雕像摔在地上。这个游戏具体可以怎么玩呢？

比如，爸爸来当艺术雕像，他侧卧在地上，一手撑着头，一条腿屈膝踩地，一条腿横放在地上。孩子则需要指挥其他人把这个"艺术雕像"从 A 移到 B。

孩子：请你们两个人，一个人抬着雕像的头，另一个人抬着雕像的膝盖，小心平稳地搬运。

（家人完全照着孩子的指令做，这时，爸爸没有被抬起的另一条腿垂在了地上。）

孩子：啊，雕像坏了。我失败了。

爸爸：那我们再试一次吧。这次你安排的时候要尽量考虑周全一些。

孩子：你们俩还是一个人抬着雕像的头，一个人抬着雕像的膝盖，我来扶起另外这条腿吧。大家都慢一点。

（3 个人合力将艺术雕像从 A 移到了 B）

孩子：嘿，我们成功了！

玩得好的孩子，会仔细观察雕像，预先设想到搬运中会出现的种种问题，做出更周密的指示。这样在生活中，孩子考虑问题也会更全面，更有"先见之明"。

6 最特别的人

训练目的：培养孩子的表现力和思考判断力
道具要求：无
参加人数：2 人

7 岁以上

你怎么通过人物说的一句话和做的一组动作，猜出人物的特征呢？"最特别的人"这个游戏就是在帮孩子锻炼这种能力。

准备 20 个小纸条，在上面分别写上人的种种特征。包括：

富有 贫穷 爱美 爱哭 乐观

洁癖 邋遢 小气 乱花钱 傲慢

好奇 贪吃 慢吞吞 急匆匆 好心

淘气 霸道 害羞 忙碌 懒惰

孩子先看一遍纸条，了解要猜的范围，然后家长从纸条中抽出一个特征，思考一下这个特征应该做什么说什么，表演出来让孩子猜。表演时不能直接将抽到的词说出来，比如不能说"我是一个XX

的人",而是要演出有这个特征的人物在生活中会说什么。

孩子要通过观察父母,并结合自己的思考和判断,猜出特征是什么。注意,只有两次猜的机会哦。

比如,妈妈抽到一张纸条后,开始做动作:不停捡去身上的头发,不停擦桌子,坐下前不停拍打椅子上的灰。接着,妈妈又说了一句话:"怎么一直都擦不干净?我受不了这么脏了。"

孩子马上想到了答案:"啊,我知道啦,是洁癖!"

孩子说出的特征和纸条意思相近即可。如果两次猜不出来,可在公布答案后,由孩子来扮演,看看是否能演出更鲜明的特征。

这个游戏里纸条上的特征可以重复来玩。因为同样一个特征,做什么和说什么每次玩的时候可能都是不一样的。家长和孩子可以通过这个游戏看看谁表演出的特征更形象,能让对方更快地猜出来。

孩子跟家长也可以不断在生活中发现人物的新的特征,写出新的小纸条,丰富特征素材库。

7 爸爸，妈妈在哪里

训练目的：培养孩子的表现力和思考判断力
道具要求：2 米长的空间
参加人数：2 人或以上

7岁以上

这是一个通过观察判断人物职业的游戏，考验的是表现力和思考判断力。

玩游戏时，可以由家长和孩子轮流扮演特定职业，通过动作或工作中的语言，看对方能不能猜出所扮演的职业和所在的地点。这个游戏的难点在于不只是猜出职业，还要猜出这个职业的工作地点。比如：

表演者的动作：走台步。

猜职业：模特。

猜地点：T台，时装发布会。

表演者的动作：坐在椅子上，一手扶着耳朵，一手像握着听诊器的头，缓慢移动。

表演者的语言：吸气，呼气，吸气，呼气……你还有哪里不舒服呀？

猜职业：医生

猜地点：医院

表演者的动作：站直，两只手平举，往左挥，往右挥。嘴里吹哨。

猜职业：交警

猜地点：十字路口

如果想要继续增加难度，可以要求表演者把职业分得更具体一些，并准确地表演出来。

■ 公交车司机和出租车司机。前者动作幅度更大，而且要时不时提醒乘客"按顺序上车""往后走"等；后者动作小一些，而且会告诉乘客"请系好安全带"。

■ 医生和护士。这就需要表演者仔细回忆两个职业都要做什么事情。医生会听诊、触诊等；护士要打针、抽血等。

■ 门童和电梯小姐。两个职业都是站在固定的位置欢迎别人，表演者需要思考做哪些动作来区分他们的不同。比如，门童要开门，拿行李。电梯小姐则要询问去几层楼，按电梯按钮。

如果孩子没有猜出来，家长可以找一段相关职业的视频让孩子看看，让孩子来模仿一遍，并指引孩子关注到有职业特点的细节。

这个游戏可以帮孩子建立观察和判断的习惯，他对于人物的身份和行为之间的关联也会越来越熟悉。

> 还可以表演的职业有：
> 运动员、牙医、消防员、举重运动员、安检员、司机、歌手、老师、厨师……

8 粉墨登场

训练目的：培养孩子观察特征并做出推理，以及完整表达的能力
道具要求：京剧脸谱颜色及图案展示（参见文后附录）
参加人数：2人或以上

7岁以上

"蓝脸的窦尔敦盗御马，红脸的关公战长沙，黄脸的典韦，白脸的曹操，黑脸的张飞叫喳喳……紫色的天王托宝塔，绿色的魔鬼斗夜叉，金色的猴王，银色的妖怪，灰色的精灵笑哈哈……"这些关于京剧脸谱的内容是歌曲《说唱脸谱》中的歌词，它将中国的传统戏曲元素巧妙地融入到歌曲之中，深受人们喜爱。相信孩子们看到京剧里人物的扮相也是充满了好奇。

我们都知道，京剧脸谱所有颜色的使用和图案的设计都是有讲究的。比如，红色脸象征忠义、耿直、有血性，如"三国戏"里的关羽；人物脸面中心有一块形状像豆腐块的白，就是丑角的扮相。

"粉墨登场"这个游戏是让孩子来猜一猜京剧脸谱的颜色和图案都代表什么意思。孩子事先不用了解所有京剧脸谱颜色和图案所代表的意义，也不需要猜的和实际意思完全一样。他只要根据自己的观察和思考推测脸谱颜色或图案的含义即可。也就是说，这个游戏更重视猜的过程，只要孩子思考有根据，理由合理，就可以了。

孩子的观察和思考，也许能给你意想不到的答案哦！

附：脸谱形状的含义

额头红葫芦：表示嗜酒

包公　　　　孟良　　　　蒋干

额头白月牙：表示清正廉洁　　　　　　　　　脸面中心一块白：丑角

面画金钱：财神爷的象征

姜维　　　　赵公明　　　　赵匡胤

额头阴阳图：表示神机妙算　　　　　　　　龙眉：真龙天子的象征

杨七郎

额头繁体"虎"：显示英勇无比

附：脸谱图案的含义

脸谱颜色	代表含义	典型人物
红色	象征忠义、耿直、有血性	关羽
粉红色	象征年迈气衰德高望重的忠勇老将	郭子仪
黑色	表示性格严肃、不苟言笑	李逵
紫色	表示刚毅威武，稳重沉着	徐延昭
蓝色	表示性格刚直，桀骜不驯	吕蒙
绿色	代表侠骨义肠，性格暴躁	武天虬
黄色	一般代表性格猛烈	廉颇
水白色	表示阴险奸诈	曹操
油白色	象征刚愎自用的狂妄武夫	高登
金色、银色	用以表现神、佛及鬼怪的面貌	二郎神

9 机器人

训练目的：培养孩子的自我观察和自我觉知能力
道具要求：日常起居的空间
参加人数：2人或以上

这个游戏是让孩子去揣摩和思考机器人的生活，想想他们跟人类的不同，以及他们的心境又是怎样的。

开始游戏之前，家长先让孩子慢慢适应机器人的体态和动作（可以告诉孩子，每一个身体关节或部位的移动，都尽量笔直和僵硬）。让孩子机械地转动一下头部——先转向左边，再转向右边；然后举起一只胳膊，再举起一只胳膊；接着是移动双腿——向前走一两步，向后走两步；再挥手示意打招呼，并

5岁以上

说"早上好，主人"，然后闭上眼睛休息。如果孩子做不到，可以家长做个示范，让孩子进行模仿。相信孩子能很快掌握机器人的行动诀窍。

等孩子适应机器人的动作后，家长就可以让"机器人"开始家里的日常工作了，比如：整理床铺、洗衣服、晾衣服、用吸尘机清理地毯、做早餐、种花、缝补衣服、打扫卫生间等。家长可以引导孩子，不用太着急去完成布置的任务，而是先揣摩机器人会如何进行这些工作。最重要的是让孩子明白，人类可以自由地使用灵活的身子来做家务，但是机器人动作没有那么灵活，每个动作都需要先思考再行动。

家长在一旁看孩子完成任务时，除了提醒孩子动作太灵活需要调整之外，还可以要求孩子每完成 10 个动作，闭上眼睛停 10 秒钟"充电"。这样孩子会更加关注到自己做了多少动作，不会着急做事而忽略机器人的动作特点。

通过这个游戏，孩子能关注到人的行动调动了各部位的参与，同时思考自己怎么行动才可以更加节省动作。

10 有答必问

训练目的：培养孩子的思考能力和逆向思考能力
道具要求：无
参加人数：2人

10岁以上

"有答必问"是戏剧游戏中的一种思考判断力的专项训练。在玩游戏的过程中，家长先为孩子提供一个事实作为答案，然后孩子从这个答案出发，去推想出有趣的问题。比如说：

家长：飞机。
孩子：想从北京去纽约，最好的交通工具是什么？

家长：今天降温了。
孩子：为什么我穿了外套，还是觉得冷呢？

家长：每天要刷三次牙。
孩子：为什么小明每天刷两次牙，还是有蛀牙呢？

家长：我考试拿了满分！
孩子：为什么你今天那么高兴？

家长：巧克力口味的冰淇淋。
孩子：明天妹妹生日，我要给她买什么生日礼物呢？

孩子的回答必须符合生活逻辑，不能天马行空地"答非所问"。比如：

家长：巧克力口味的冰淇淋。
孩子：你最喜欢做什么？

家长要停下，提醒孩子这个答案不能是"做什么"，而是"吃什么"。让孩子重新提问。

别以为这个游戏很简单，学会逆向思考可不是件容易的事！这个游戏完成得好的孩子在生活中也会非常机智、反应灵敏。这个游戏的特点是，不借助任何道具，可以随时随地玩起来。

11 动物研究专家

> **训练目的**：了解动物知识，培养孩子的推理判断力
> **道具要求**：日常起居空间
> **参加人数**：2人及以上

8岁以上

游戏之前，家长和孩子首先一起读一些动物类的知识绘本和书籍，帮助孩子了解动物的特点和生活习惯。之后再把家里客厅变成新闻发布会现场，家长是参加发布会的记者，而孩子则是新闻发布会的发言人——某个动物！至于这个动物具体的身份，则是家长单独为孩子设定的，孩子需要从记者的5次提问中，结合自己的思考判断，弄清楚自己的身份。

比如说，家长为这个动物设定的身份是一只乌龟，那么记者们可以这样提问：

（第一遍提问，孩子不需要回答。）

（提问一）记者：请问您是如何做到既能够生活在水中，也可以生活在陆地上？

（提问二）记者：作为杂食动物，您更喜欢吃水草，还是小鱼？

（提问三）记者：您之所以喜欢晒太阳，是因为您是冷血动物吗？

（提问四）记者：您的寿命真的可以长达100年吗？

（提问五）记者：听说您的耐饥能力强，断食几个月也不会饿死，是真的吗？

发言人：我是乌龟吗？

记者：对了。那您可以回答一下刚才的问题吗？（从头再提问一次，这一次孩子要回答。）

如果孩子能够记得住阅读过的动物类知识绘本的内容，并且轻松作答，相信孩子一定能成为让同龄人的羡慕和佩服的"动物专家"。

如果孩子猜不出自己是什么动物，或者回答不准确，家长可以公布答案后，跟孩子一起回到书里找资料。

随着孩子年龄增长，读的知识类书籍越来越多，也可以把动物换成植物，或者天文、物理、医学……慢慢地，孩子会成长成一个真正的"百事通"。

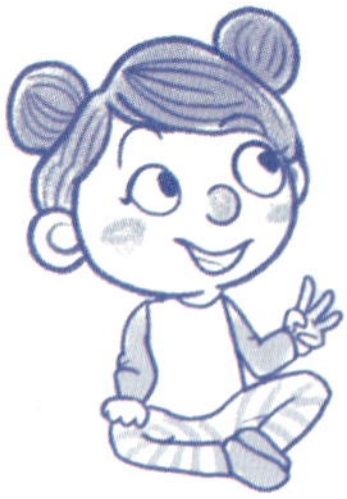

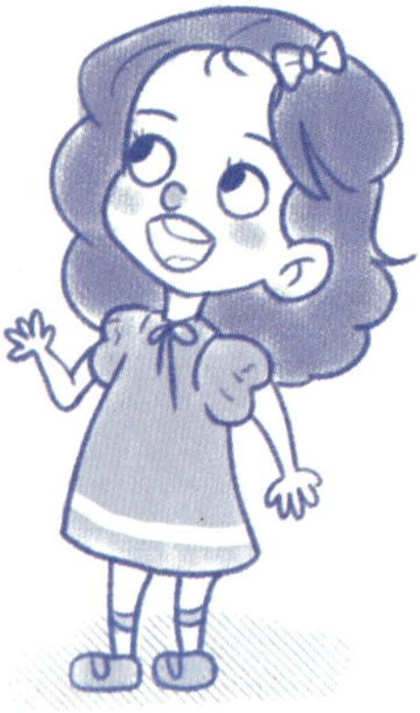

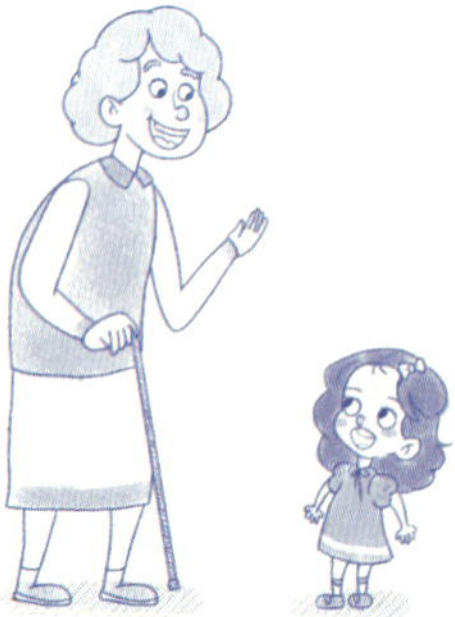

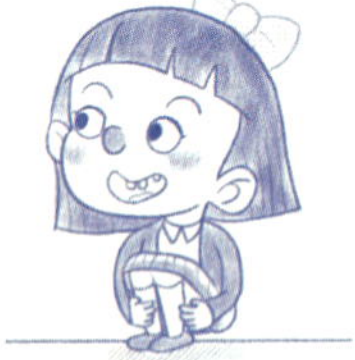

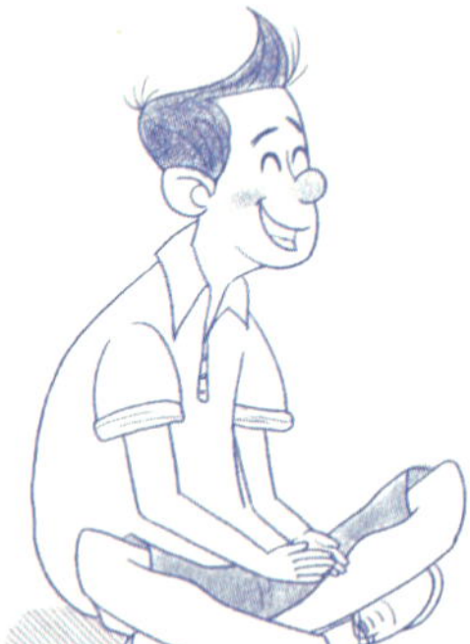

(六)

反应力

孩子在游乐场里，肯定见过一种"打地鼠"的游戏：面前有十多个洞穴，洞穴里不时钻出一只地鼠，玩家们兴奋地手持木槌，不断敲打冒出头的地鼠，打中越多得分就越高。这种游戏考验的就是一个人的反应力。

反应力包括口头反应力和身体反应力。如果孩子有比较强的口头反应力，面对自己不同意的观点时，就可以作出恰当的反驳，在生活中，也会因为"会说话"而受到周围人的欢迎。如果孩子有较强的身体反应力，就非常有可能在篮球、足球、乒乓球等各种体育比赛中取得好的成绩。

在戏剧游戏中，有哪些游戏可以锻炼孩子的反应力呢？

1 提线木偶

训练目的：培养孩子的观察力和身体反应力
道具要求：家里
参加人数：2人

5岁以上

在这个游戏里，孩子是提线木偶，自己是不能动的，需要靠"操偶大师"（家长）来动。

游戏开始之前，孩子只需要舒服地躺在沙发上就可以了。操偶大师可以随便从木偶身体的任何部位开始操作。比如说，操偶大师想要先操控木偶的左手，就可以在左手腕的附近（距离左手腕约10厘米处）做一个握住手心拉绳子的动作（不触碰孩子的身体），木偶则应该随着操偶大师的手的动作挪动，操偶大师的手提高，木偶的手就跟着提高。如果这时操偶大师摊开手，表示松开绳子，孩子的手也要回到原位。如果操偶大师在木偶的头发上空做了拉绳子的动作，那么木偶的头和身体就会跟着大师的手的方向移动了。操偶大师可以试一试让这个木偶从躺在沙发上，牵引到屋子的其他角落，最后又回到家里的客厅。

例如：

操偶大师在孩子的头发上空提起——孩子上半身坐起来。

操偶大师在孩子一条腿的膝盖上空提起，平移到沙发下——孩子一条腿跟着落到地上。

操偶大师在孩子另一条腿的膝盖上提起，平移到沙发下——孩子踩到地板，坐在沙发上。

操偶大师继续提高孩子的头发上空——孩子站了起来。

操偶大师可以继续用手在膝盖前方假装拉着，同时增加口头提示：我提起你左腿膝盖，往前一步，现在我提起你右腿膝盖，往前一步……

如果孩子动了不该动的部位，操偶大师要及时提醒：我没有拉你的手/肩膀哦，请放松你身体的其他部位。

这个练习可以让孩子更集中注意力，身体也能更灵活、自如地进行反应。

2 Yes, But…

训练目的：培养快速思考和表达的能力
道具要求：无
参加人数：3 人及以上

10 岁以上

这是一个语言类的接龙游戏，家长和孩子可以围坐在客厅里一起游戏，人越多越好。顾名思义，"Yes, But…"游戏就是不管上一个人问什么问题，下一个人都得回答"是的"，然后需要再补充"不过……"的内容。回答的时候尽量不要思考时间过长，或是刻意寻找语言的逻辑性，只要听上去好像有道理就可以了。

这个游戏两个人也可以玩，但是年纪较小的孩子没办法那么迅速地做出反应。多人参与，可以给他们更多观察、模仿、思考、准备的机会。

以下是一家人一起玩游戏的例子：

爸爸：（问第二个人）我认识你吗？
妈妈：是的，不过你早忘了我是谁了。（转向第三个人）你拿了我的钱!

奶奶:是的,不过是你买新裙子时跟我借的。(转向第四个人)你是只猫。

孩子:是的,不过只有猫才知道这个秘密。(转向第五个人)今天我们要去游乐场!

爷爷:是的,不过游乐场今天闭馆,你只能乖乖待在家。(转向第一人)你喜欢跳肚皮舞!

爸爸:是的,不过现在有肚腩了,跳不动了。(继续问第二个人)……

当上一个人说完后,下一个人必须在5秒内回答,如果回答不上,就算输了。输了之后要表演一个节目,比如唱歌,讲笑话,然后从输的人开始,进行新一轮游戏。

这个游戏除了可以锻炼孩子的口头反应力,加速他的思维反应,强化语言组织能力,同时也能增添他的幽默感。熟练掌握这个能力的孩子跟人交流时,会格外风趣睿智。

3 当你早晨起床时发现……，你会……

> **训练目的**：培养孩子的快速反应力，打开孩子的想象力
> **道具要求**：无
> **参加人数**：2 人及以上

（7岁以上）

跟"Yes, But…"的游戏一样，从卡夫卡的《变形记》里提炼出来的"当你早晨起床时发现……，你会……"游戏，也是一个可以让全家人一起参与的口头反应力游戏，只是这个游戏需要参与者在接龙时去构思一个情景，场景是现实或者虚构的都可以，这对孩子将来写文章有很大的帮助。

当全家人聚在客厅围坐成一个圆圈时，这个游戏便可以开始了。第一个人设计一个场景问第二个人，第二个人回答以后，接着设计一个场景问第三个人，所有人按顺序轮流问答。

同样，这个游戏两个人也可以玩，不过孩子年龄较小时，还是多人共同来玩更好，能够给他们更多观察、模仿、思考、准备的机会。

举个例子：

爸爸：（问第二个人）当你早晨起床时发现你躺在月球上，你会……

妈妈：我会立刻寻找氧气筒。（问第三个人）当你早晨起床时发现宠物在跟你说话，你会……

爷爷：我会带着它到马戏团演出，挣大钱。（问第四个人）当你早晨起床时发现床上多了100万，你会……

奶奶：我会拿出验钞机，看看这些钱是不是假钞。（问第五个人）当你早晨起床时发现自己变成了一只蟑螂，你会……

孩子：我会……我会……我会……

（众人开始倒计时5秒：五、四、三、二……）

孩子：我会展翅高飞。（问第一个人）当你早晨起床时发现自己尿床了……

爸爸：我会把门关上，不要让妈妈知道！（继续问第二个人）……

全家人一起玩这个游戏时经常会笑得前仰后合，玩得停不下来，不信你也把家人组织起来一起试试吧！

这个游戏可以开拓孩子的思维，也许玩了几回，孩子写想象类的作文就再也不愁开头了。

4 因为……所以……

> **训练目的**：培养孩子的反应力、语言组织能力、建构故事能力，同时增强孩子的记忆力
> **道具要求**：无
> **参加人数**：2 人及以上

"因为……所以……"这个语言接龙游戏，是即兴喜剧演员为了训练反应力，每天都要练习的。孩子多玩玩这个游戏，反应力也能得到很好的锻炼。在游戏里，家庭成员们可以齐聚在客厅，围成一个圆圈，舒服地坐好，然后进行故事接龙。开头的第一个人，先说出一个主人公的名字和他正在做什么，后面接龙的人需要先用"因为"的句式复述前面一个人的内容，之后再说一个新的"所以……"的内容，和前面的"因为"进行衔接。举个例子：

妈妈：小明参加了航空飞行课程。

姥姥：因为小明参加了航空飞行课程，所以他获得了空军执照。

爸爸：因为小明获得了空军执照，所以他的父亲允许小明驾驶家里的私人飞机。

孩子：因为小明的父亲允许他驾驶家里的私人飞机，所以他决定飞越整个大西洋。

姥爷：因为小明飞越了大西洋，所以……所以……所以……（紧张）

（众人开始倒计时五秒：五、四、三、二……）

姥爷：所以他拿到了英雄奖章。

妈妈：因为他拿到了英雄奖章，所以……

（众人继续倒计时：五四三二一）

时间已经到了，但是妈妈没有说出来，妈妈输啦。

在游戏的过程中，每个参与者都不要思虑过多，而应该在接词的过程中快速构想出有意思的故事剧情。

另外，这个游戏会比之前提到的"Yes，But…"和"当你早晨起床时发现……，你会……"更难，它需要玩家记住前面每个人说过的话。因为在这个游戏里，每个人说出的"所以……"都不能和前面的人重复，也不能和前面已有内容发生冲突和矛盾。比如，不能前面一个人说"乐乐怀孕了"，下一个人说"乐乐还是一个3岁的孩子"，另一个人又说"乐乐是个男孩"……只有这样，这个接龙才有意义，最终才能把每个人说的内容连接成一个完整有趣的故事。

如果这个游戏玩得好，孩子构思一篇写事作文就不成问题，甚至还能对写作产生兴趣，成为未来的小作家呢。

5 数字拍拍手

训练目的：培养孩子的数学思维和快速反应力
适合年龄：孩子会背 99 乘法表之后
道具要求：无
参加人数：4 人及以上

这个拍手游戏适合全家人一起进行，参与人数越多越好。当所有人围成圆圈坐下后，大家要依次数数，同时要约定好数到某个数字（可以是任何数字）及其倍数时，或者数到含有某个数字的数时，不能说出来，而要用拍手来替代。比如说，大家约定好数字"3"不能说出来，那么所有含"3"的数字以及"3"的倍数出现时，都必须拍手代替。做游戏的时候，第一个人可以从任何数字开始。

如果第一个人（爸爸）念出了数字"25"，我们看看后面的人怎么接（以约定 3 不能说出来为例）：

爸爸：25！

妈妈：26！

奶奶：拍手！（27 是 3 的倍数）

孩子：28！

爷爷：29！

爸爸：拍手！（30 出现了 3）

妈妈：拍手！（31 出现了 3）

奶奶：拍手！（32 出现了 3）

孩子：拍手！（33 出现了 3，也是 3 的倍数）

爷爷：拍手！（34 出现了 3）

爸爸：拍手！（35 出现了 3）

妈妈：拍手！（36 出现了 3，也是 3 的倍数）

奶奶：拍手！（37 出现了 3）

孩子：拍手！（38 出现了 3）

爷爷：拍手！（39 出现了 3，也是 3 的倍数）

爸爸：40！

妈妈：41！

……

谁要是在带 3 的数字或者 3 的倍数出现时忘了拍手，念出了该数字的话，就要被淘汰出局，其他人接着刚才的数字往后玩，最后看看谁是第一名！

这个游戏能很好地锻炼孩子的数学思维，如果孩子最近在背 99 乘法表，这个游戏可以帮他进一步巩固学习成果，让他学得更有兴趣，更高效。

6 数字指令

训练目的：培养孩子的记忆力和反应力
道具要求：无
参加人数：2 人

5岁以上

这是一个深受孩子们喜欢的身体反应力游戏。游戏开始之前，家长可以事先跟孩子一起约定用数字来代表一些动作的指令，比如："一"表示"站起来"、"二"表示"蹲下"、"三"表示"单腿站立"、"四"表示"坐下"、"五"表示"哈哈大笑"……只要确保孩子能够做到就好。而且，在和孩子商量动作时，一定要考虑孩子的安全，不要设置诸如翻跟斗或是往后躺之类的高难度动作。

游戏开始时,家长扮演部队里的"总司令",而孩子是部队里的"士兵"。士兵需要记牢每一个数字所代表的动作,并全神贯注地等候总司令发出的"数字指令"。听到数字指令后,士兵需要立即作出和指令对应的动作,完成动作后恢复站姿,继续等待下一个指令的发布。士兵在听到口令后要尽量保证动作做得既快又准确。

如果孩子能够既快又准确地连续完成20个指令不出错,就要给他大大的表扬!

请注意,玩这个游戏一定要视孩子的情况循序渐进地增加指令。5岁左右的孩子,只要记住3~4个数字指令就可以了。往后每增长一岁,可以增加2个数字指令。这样到10岁时有了前期的基础训练,孩子要完成16个以上的数字指令,就会相对容易很多。

> 其他适合和孩子一起约定的指令还包括:
> 弯腰、拍手、双手侧平举、举左手、举右手、摇头、点头、摸肚子、抓耳朵、跳两下、扭屁股、抖动肩膀……而且,每次游戏可以重新约定数字指令的代表动作。这样这个游戏可以一直玩下去。

7 唱反调

训练目的：提高孩子的反应力，开拓创造性思维
道具要求：无
参加人数：2 人

5 岁以上

"唱反调"这个游戏，简单来说，就是家长发出的所有指令，孩子都必须"反着做"。如果直接按照口令行动，或者没有动都算输。如果孩子成功完成 20 个"反着做"，就算赢，可以得到一个大大的鼓励和拥抱。

例如，当家长说："指眼睛"，孩子就需要指着眼睛以外的任何器官，可以是鼻子、耳朵、嘴巴等任何部位；

当家长说："甩头发"，孩子不能甩头发，只能甩身体的其他任何部位；

当家长说："摸左脸"，孩子要摸右脸；

当家长说："甩左手"，孩子要甩右手；

当家长说："抬起左腿"，孩子要抬右腿；

当家长说："蹲"，孩子就要做除了蹲之外的站、跳、坐等其他动作；

当家长说："抬头"，孩子要低头；

当家长说："往前走一步"，孩子要后退一步；

当家长说："闭眼"，孩子要睁大眼睛；

当家长说："大笑"，孩子要假装大哭；

当家长说："安静"，孩子要大吵大闹……

这个游戏考验的不仅是孩子的急智反应力，还考验他的创造性思维，因为他需要打开思路为自己找一个新动作。比如家长说"向后转"，孩子不能向后转，但也不能不动。他该怎么做呢？往前走或者往前挺胸，都是可以的。

8 字字接龙

训练目的：培养孩子的倾听力、注意力、逻辑思维力、记忆力和反应力

道具要求：无

参加人数：4人及以上

8岁以上

一般的故事接龙都是一人一句往下接，但是这个游戏里的故事接龙则是一人一个字的往下接，是不是感觉难度提高了？在一家人围坐的客厅里，"字字接龙"可以成为饭后最好的娱乐游戏。每个人一次只能蹦出一个"字"，但最终这些字必须能组成完成的句子，甚至是一个有趣的故事。

除了训练家里每个人的反应能力,这个游戏还可以锻炼逻辑思维能力,是帮助孩子学习语文的好方法。举个例子:

爸爸:从!

妈妈:前!

奶奶:有!

孩子:一!

爷爷:个!

爸爸:神!

(他期待下一个人会说"仙"字)

妈妈:经!

奶奶:病!

孩子:他!

爷爷:想!

爸爸：吃！

妈妈：窝！

（她以为后面的人会说"窝窝头"）

奶奶：牛！

（误以为上一个人说的是"蜗"）

孩子：可！

爷爷：是！

爸爸：他！

妈妈：口！

（希望后面的人能接"袋里没钱"）

奶奶：吃！

孩子：所！

爷爷：以！

爸爸：跑！

妈妈：到！

奶奶：医！

（打算接的是"医院"）

孩子：大！

（听成了"意"，所以接成"意大利"）

爷爷：利！

爸爸：求！

妈妈：医！

游戏过程中，只要下一个字和上一个字的字音连起来能组成有逻辑的词或者句就可以，不用强调自己说的是哪个字。这个游戏可以一轮一轮地继续下去，直到组成一个故事。然后由孩子把整个故事复述出来，看看他记得多少。如果孩子有卡住的地方，大家可以帮他回忆一遍。

　　这个游戏最大的乐趣就是未知带来的惊喜，每个玩家都不知道下一个人会说什么字，故事会朝哪个方向发展，中间会出现什么人物，又会发生什么事。

　　从今天开始召集家人一起玩吧！相信这个游戏会成为家庭聚会中欢乐的助兴节目。

9 问题大王

训练目的：培养孩子的反应力和表达能力
道具要求：无
参加人数：3 人

5 岁以上

在这个游戏里，人人都是"问题大王"！为什么呢？因为不管是提问还是回答，所有人都只能用"问句"来对话。爸爸和妈妈可以选出一个代表来跟孩子比拼，另一个人则在中间当裁判，以确保游戏的公平。当一方提出问题时，另一方必须在 10 秒钟内回答，只是回答的方式也是问句。对话可以一直以问句的形式继续下去。举个例子：

爸爸：宝贝，你今天不去上学吗？
孩子：您忘了今天是星期六吗？
爸爸：那你今天没有去足球班吗？

孩子：我没有告诉您足球班休息一周吗？

爸爸：你什么时候告诉我的呢？

孩子：我不是在上周六说了吗？

爸爸：你以后可以多提醒我几次吗？

孩子：当然可以。

（妈妈：你说的不是问句，你输了。再来一轮吧！）

孩子：那您可以每晚早点回家跟我聊10分钟吗？

爸爸：我怎么会不想这样呢？

孩子：您这是答应我了吗？

爸爸：你可以给我点时间试试吗？

孩子：我怎么可能说不呢？（游戏继续）

别以为这个游戏很容易，想要仅仅用疑问句来回答，是非常考验一个人的反应力和语言组织能力的。裁判的一个重要工作是当听到不是问句时，终止游戏，分出胜负方。另一项任务是提醒对话双方不要互相攻击，而是给出合理的解释，或者提出新方案，解决问题。例如：

家长说：你怎么今天不上学？

孩子最好别说：你是家长你都不知道吗？

家长说：你可以多跟我聊聊天吗？

孩子最好别说：你以为我那么有空吗？

10 三字经

> **训练目的**：培养孩子的即时反应力
> **道具要求**：无
> **参加人数**：2人

5岁以上

这个游戏是以快速对话的方式来练习反应力的。在游戏里，两人的对话内容都必须只有三个字，不能多也不能少。而且对话的内容必须是有逻辑性的，不能是天马行空的对答。两个人的对话语速也不能太慢，思考时间太多就失去训练反应力的意义了。让我们看看以"三字经"的方式对话的例子：

爸爸：你好吗？

孩子：我很好。

爸爸：不高兴？

孩子：没有啊！

爸爸：不吃饭？

孩子：吃过了。

爸爸：功课呢？

孩子：做完了。

爸爸：妈妈呢？

孩子：在厨房。

爸爸：我困了。

孩子：去睡吧。

爸爸：没洗澡。

孩子：快去吧！

爸爸：先休息。

孩子：那好吧。

谁说话的内容超过或少于三个字，就算是输家；如果回答时停顿超过三秒，也算是输了。游戏中如果一方提出问题，另一个人必须回答。但如果一个话题已经说清楚了，就可以随时切换了。

看看是谁更加机智，能够问出对方用三个字回答不出来的问题吧！

11 今天去哪里

训练目的：训练孩子的反应力，培养节奏感
道具要求：无
参加人数：3人及以上

6岁以上

这个游戏最少要3个人的参与。众人先围成一圈，一起拍手，形成一个固定的慢节奏（可以一秒一拍），接下来游戏里所有的提问和回答，都必须跟着这个节奏进行。

游戏开始时，众人用两拍的长度一起提问"今天去哪里"（拍掌拍在"今"字和"里"字上）。然后第一个人用一拍回答："植物园。"空一个拍后，第一个人继续回答在植物园看到的东西，比如"玫瑰花"。再空一拍后，第二个人要紧接着回答在植物园里可以看到的东西。下面是这个游戏的示范：

众人：（拍手）今天去哪里？

爸爸：（拍手）植物园。（两拍说完）

（空一拍）

爸爸：（拍手）玫瑰花。

（空一拍）

妈妈：（拍手）茉莉花。

（空一拍）

孩子：（拍手）仙人掌。

（空一拍）

爸爸：（拍手）百合花。

（空一拍）

妈妈：（拍手）莲花。

（空一拍）

孩子：（拍手）小草。

……

每一次有人回答后，下一个人必须在空一拍后说出自己的答案，否则就算输。如果谁输了，可以给其他人表演一个小节目。然后由输的人说去哪里，大家重新换一个新的地点继续游戏。去的地点和环境可以根据孩子了解的词汇或熟悉的环境任意选择，例如，动物园、水族馆、天文馆、超市、学校、森林、海边、游乐场等。

这个游戏不仅能训练孩子的反应力和节奏感，还可以帮他复习了解过的词汇。

12 颠倒的世界

训练目的：训练孩子大脑记忆力和快速反应的能力
道具要求：无
参加人数：3 人

6岁以上

我们都知道，照镜子时镜像是反过来的。比如，你用左手指左眼，镜子里的你就是右手指着右眼。既然动作是相反的，说的话也应该是相反的。比如，当你对着镜子说"你是谁"时，镜子里的你就应该反问："谁是你？"

在这个对话游戏中，家长和孩子的关系是镜外人和镜中人的关系。不管镜外人说什么，镜中人都应该反着说。家长可以根据孩子的能力，将对话从短句子慢慢发展到长句子。这个游戏有点难，可以邀请一位裁判把出题人的话记录下来，方便来看孩子的"反话"说得是否正确。看看下面的例子：

妈妈：你好。
儿子：好你。
妈妈：早安。
儿子：安早。
妈妈：我吃面。
儿子：面吃我。
妈妈：我很开心！
儿子：心开很我！
妈妈：今天去游乐园！
儿子：园乐游去天今！

同样地，家长也可以说反话，然后让做镜中人的孩子把它变成正常的句子。例如：

爸爸：乐快日生！
女儿：生日快乐！
爸爸：谁是你问请？
女儿：请问你是谁？
爸爸：儿女贝宝的爸爸是我！
女儿：我是爸爸的宝贝女儿！

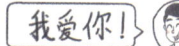

嗨！
嗨！
安晚！
晚安！
你爱我！
我爱你！

这个游戏通过倒转朗读的方式，除了帮助孩子提升记忆能力，也可以建立孩子对每个"字"的专注力，加深对字词的认识及学习语文的兴趣。

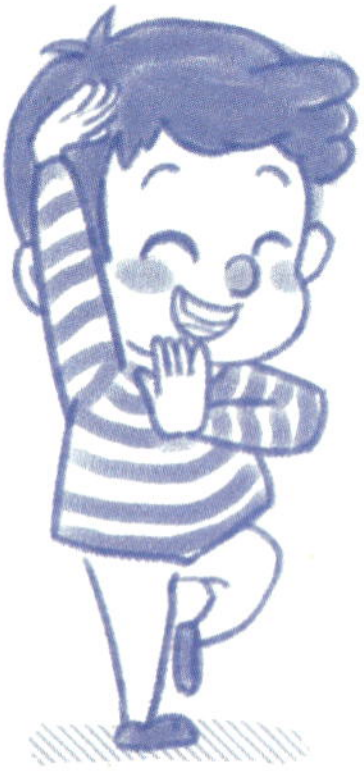

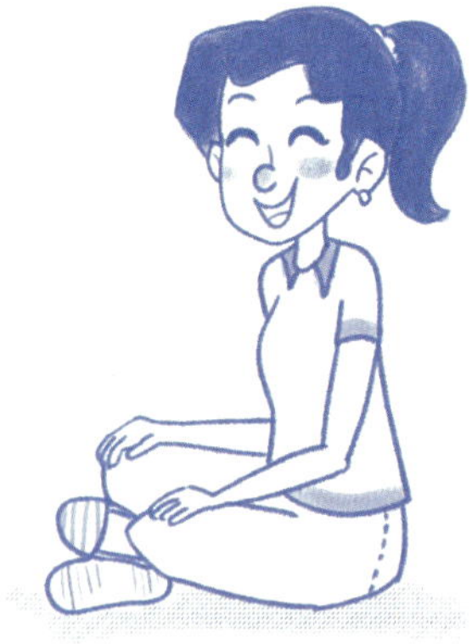

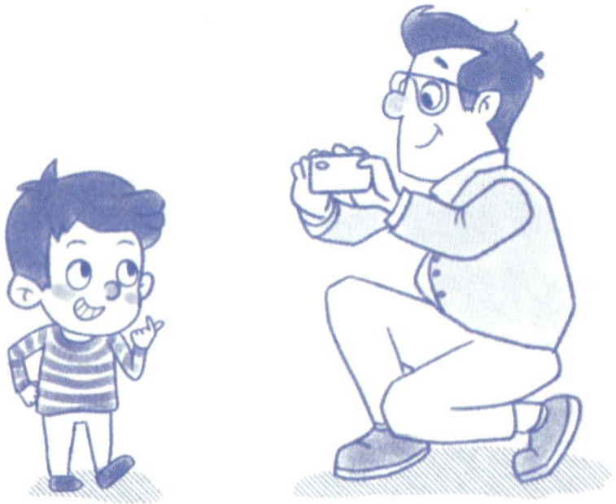

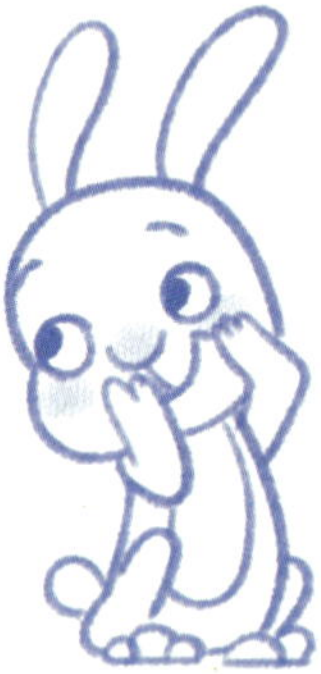

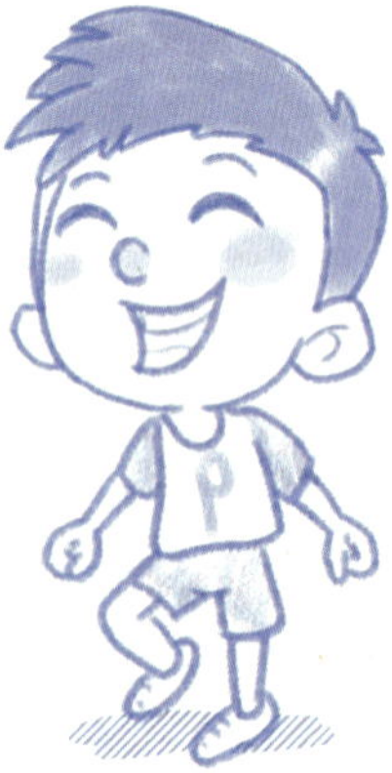

七

表现力

经常听家长们抱怨："我儿子不知道怎么了，总是不爱笑！""我闺女在家的时候又唱又跳，一到外面就不说话""我家娃很喜欢扯着我的衣襟躲在我身后""我儿子在学校什么都不敢参加，什么都害怕"……其实，这些都是孩子缺乏表现力的体现。

好的表现力是需要不断训练的。有的家长让孩子学舞蹈，因为舞蹈能使孩子的动作更平稳、舒展，姿势更优美；有的家长让孩子学体操，因为体操能训练孩子表情和动作方面的表现力；有家长会让孩子学武术，因为武术能让孩子的动作更敏捷和轻快；还有家长让孩子学唱歌、参加辩论班、练习马术等，这都是为了给孩子提供更多表现自我的机会，帮助孩子提升自信。

接下来，让我们看看戏剧游戏中有哪些可以培养表现力，让孩子在家中也获得同样的训练。

1 外星语演讲

训练目的：培养孩子的表情和肢体表现力
道具要求：无
参加人数：2人

5岁以上

"外星语演讲"这个训练游戏对家长来说可能有点难度,因为我们已经习惯了说"听得懂的话""有逻辑的话""有意思的话""学过的话",但是这个游戏却要我们跟孩子一起说"自创语言"——外星语。

开始游戏时,家长应该跟孩子一起创造新的"外星语",家长说一句,孩子学一句。"外星语"并没有特定的标准说法,任何没有实际意义的语言,都可以是"外星语"。

举例说:"霹雳不""弄度哦""帕卡帕卡""额鹅默默""啧啧拉胖胖""咕力咕力法大大""莫妮库查你娃娃"……从开始的几个短音节到长句,只要听不懂的,就是"外星语"。

等到孩子可以熟练模仿家长的一串无意义语言时,孩子就可以进行"外星语演讲"了。

首先，家长可以为孩子准备一个演讲题目，让孩子用"外星语"来发表，比如：我的猫、我的爸爸、我的老师、我最爱的颜色等任何孩子可以掌握的内容。接下来，家长要为孩子准备一个"假话筒"（可以是矿泉水瓶子、电视遥控器等物体），让孩子拿着开始用"外星语"演讲。演讲过程中，家长要给予孩子肯定——孩子说的每一句话都需要点头示意，或者给予"肯定"的反应，千万不要皱眉头表示听不懂。孩子根据自己需要，进行1分钟左右的演讲后，家长如果要发问，也必须采用"外星语"来提问，孩子继续用"外星语"来回答。

除此之外，两个人要牢记发言主题，比如"我最爱的颜色"，孩子在最后一定要用动作或者指示让家长理解他最爱的颜色是什么，才算完成演讲。在游戏过程中，一定要绝对相信彼此是没有沟通障碍的，才能达到这个游戏的目的。

- Tips

演讲《我最爱的颜色》，孩子可以指家里绿色的东西或者身上绿色的衣物，也可以用手比划树木等绿色的东西。

演讲《我的猫》，孩子可以模仿猫的动作和叫声。

演讲《我的爸爸》，孩子也可以模仿爸爸跟自己说话的表情和动作。

演讲除了体现孩子的语言组织能力之外，对于孩子的肢体和表情表现也很重要。经常玩这个游戏，孩子可以专注在练习自己的肢体和表情控制上，当孩子要进行真正的演讲或者说服别人时，他可以轻松展现出强烈的感染力和说服力。

2 多变的声音

训练目的：培养孩子的语言和身体表现力
道具要求：家里
参加人数：2人

5岁以上

清晨，我们跟别人打招呼时，会说"早上好"。在我们的礼仪教育中，这句话似乎只有一种表现方式，那就是有礼貌的、热情的、充满朝气的、面带微笑的。在"多变的声音"这一表现力游戏中，我们可以试着让孩子用不同的方式（情绪或表现方式）来说"早上好"，让生活不再那么单一。

首先，先让孩子用正常的声音来说"早上好"。

接着，再让孩子尝试用以下声音来说，比如：（1）病恹恹的；（2）机器人似的；（3）愤怒的；（4）严肃的；（5）不情愿的；

（6）老人家式的；（7）悄悄话似的；（8）哭诉的；（9）面对广大群众的，兴奋的；（10）仙女般柔和的；（11）老巫婆似的；（12）愚蠢的；（13）蔑视的；（14）吓人的；（15）害羞的；（16）毫无表情，麻木的；（17）口吃的……

玩这个游戏的一个技巧是，要提醒孩子先演一演那种情绪的状态。比如"病恹恹"的，孩子很可能会表现出躺在沙发上爬都爬不起来，有气无力的样子。这时再让孩子以这个状态去说"早上好"，孩子比较容易找到该有的语调和力气。

如果是"老巫婆似的""仙女般柔和的"家长要提醒孩子回忆自己看过的童话故事里的老巫婆都说什么、做什么。比如书里描写的老巫婆往往是拄着长长的树枝拐杖，弓着背，勾着手指，假装看着前面细皮嫩肉的小孩子，想要把他们骗回去吃掉，然后假装笑眯眯地用尖细的声音说："早上好呀！"相信聪明的孩子也能举一反三，想象出仙女会做什么、说什么，并演出一个温柔的"早上好"。

> 除了"早上好"，家长也可以试着让孩子说说其他的句子，比如："你吃饱了吗""生日快乐""为什么迟到""天气真热"等生活中的句子，以此来训练孩子的声音表现力。

如果孩子可以顺利完成这些情绪下的表现，那么从幼儿园起完成有感情的朗读就不是问题。到三年级之后，这种游戏对孩子的阅读理解也非常有帮助。因为孩子能够顺利通过文字想象出画面，甚至在头脑中把文字转变成一段段情景，生动地进行体会。

3 创意造型

训练目的：培养孩子的身体表现力、记忆力和想象力
道具要求：瑜伽垫或者地垫
参加人数：2人

5岁以上

你知道一只手（不管是左手或者右手）可以进行多少种造型变化吗？20种？50种？还是100种？答案是无法计算。"创意造型"这个游戏就是考验孩子手脚的造型能力的。

游戏可以先从单手开始，孩子和家长可以轮流摆出一个手势，然后拍照。每一次摆好的新动作都必须是独创的、和之前不重复的。试试看你们能否通过比赛创造出50种不同的造型。

表现力

经过了几次单手摆造型以后，游戏还可以升级到双手摆造型。同样的，也是家长和孩子轮流比赛，你和孩子会在游戏过程中发现不同的手指动作可以有不同的组合，不同的造型，也会发现，原来两只手可以摆弄出千变万化的独特造型来。

起跑

完成了双手摆造型，接下来可以继续升级游戏，让孩子单独完成双脚摆造型——可以站着，也可以躺在瑜伽垫或者地垫上，让两只脚在空中摆造型，看看孩子能做出什么创意造型来。最后，还可以让孩子利用全身来摆一些不常见的或是具有创意性的造型。

功夫

←毛巾

每一次在孩子摆出造型后，爸爸妈妈不妨问一下孩子，这个造型有名字吗？或者这个造型代表什么意思？这时候，作为家长的你就会惊讶原来孩子看到的世界是如此的多姿多彩，他们的创意远远超越家长的想象。

能熟练玩这个游戏的孩子，在体育课上反应会更加灵活，他们对于户外活动和集体活动也会更积极地参与。

埃及人

4 指偶表演

训练目的：培养孩子手和语言的表现力
道具要求：无
参加人数：2 人

5 岁以上

我们通常看到的指偶表演是将可爱的娃娃造型（大部分是动物的头像）套在手指上，或者在手指上画上不同表情的人脸。但是在我们的指偶表演的戏剧游戏里，家长和孩子是用一双手，来讲述精彩的故事。

家长可以先示范几次如何用手指来表演一个故事，孩子看多了以后，自然也能够利用手指去讲述自己的故事。

比如说，家长要说的故事是《龟兔赛跑》，那么就可以用左手扮演兔子，右手扮演乌龟。兔子的造型，可以伸出食指和中指来表示兔子的耳朵，也可以弯曲食指和中指来表示兔子的大门牙。而乌龟呢，最简单的方式就是握拳，来表现乌龟的硬壳。当兔子和乌龟对话时，家长也需要摇晃手指来配合。比如说，兔子说话的时候，可以动动食指和中指，表示两只耳朵在上下晃动。而乌龟在说话的时候，可以轻轻摇晃手腕，让握拳的手有点动态感。除了操弄手指，家长也需要为不同的角色设计不同的声音：兔子的声音可以轻挑些，加快语速，调高音量；而乌龟的声音可以是沉稳的、缓慢的，甚至有点口吃的。就这样，家长摆出的角色手势搭配精彩的语言处理，就是一台生动有趣的指偶表演啦！

表演几则故事后，家长也可以试着让孩子先模仿自己的手势动作和角色的声音处理，讲述整个故事。之后，孩子可以自己创造手势，讲一些自己看过的其他故事。久而久之，孩子就会是一个善于讲故事的小高手啦！

> 其他动物扮演的方式还有：
> 蛇：整只手扭动着往前。
> 青蛙：手扣在桌面上，抬起中指，其他手指放在桌子上，模仿青蛙跳。
> 鸟或者蝴蝶：用大拇指和其他几个指头模仿两边翅膀扇动。
> 企鹅：立起手腕，扮演企鹅摇摇晃晃走路。
> 河马：用大拇指和并拢的四根手指模仿河马的嘴说话。

5 比手划脚

训练目的：帮助孩子养成在生活中观察的习惯
道具要求：室内
参加人数：4人及以上

5岁以上

"比手划脚"这个游戏需要至少4个人参与，所以爷爷奶奶或者姥姥姥爷可以一起出动跟孩子游戏。游戏开始之前，4个人先分成A、B两组，每两人为一组。A组的两个人准备10道题，并把题目清楚地写在白纸上。题目的内容可以是植物、水果、交通工具或者职业等，不宜太难，最好避开孩子不太熟知的内容。

游戏开始后，B组的两个人，一个负责表演白纸上的题目，另一个根据表演猜题，限时1分钟。如果想要锻炼孩子的表现力，尽量让孩子来表演，看看他是否能表演出题目的准确特点。之后A、B两组调换任务再做一次。最后，哪组在1分钟内答对的题目更多，哪一组就获胜。

具体该怎样表演呢？在1分钟里，表演者在拿到题目后，不能说话，只能靠动作和表情来表示这个"内容"，让猜题者猜。

■ 如果题目是"玫瑰":表演者可以深吸一口气,露出微笑,表示很香,接着做摸到花茎立刻缩回来的动作,表现有刺;还可以摆出单腿跪地拿出鲜花求婚的姿势,来暗示是玫瑰。

■ 如果题目是"香蕉":表演者就可以表演剥皮的动作。对于观察细致的孩子来说,他在表演的时候能够准确区分剥香蕉皮和剥橘子皮的不同,以及吃的姿势的不同。

当然,猜题者或表演者如果觉得某道题太难表现,可以选择放弃,但是1分钟里最多只能放弃两次。

等孩子年龄更大一些,家长可以根据孩子的知识广度,适当增加题目的难度,比如增加成语、谚语等题目。

这个游戏可以锻炼孩子快速提取特征并且表现出来的能力。如果孩子可以用一小段表演让人快速理解他想要说明的事情,在写作和表达中也能更轻松地和对方完成交流。

6 身体写名字

训练目的：培养孩子的身体表现力，熟悉字的笔画
道具要求：无
参加人数：2人

7岁以上

我们平时写名字都是用笔，你有没有想过用我们的身体写名字？你的孩子会写自己的名字吗？如果会的话，试试先让孩子想象眼前有一堵透明的墙，然后用不同的身体部位，按照笔画笔顺在墙上书写自己的名字。

刚开始玩这个游戏时，名字里的每一个字都需要用不同的身体部位来写。比如孩子的名字叫"刘佳"，那么就可以用手肘来写"刘"，再用头来写"佳"。

孩子如果喜欢写英文名字，也可以根据英文字母的多寡来安排不同的身体部分来书写。比如孩子的英文名是"Andy"，就可以用下巴写"A"、鼻子写"N"、手掌写"D"、膝盖写"Y"。

等孩子熟悉游戏后，可以尝试让他用身体部位写爸爸妈妈的名字、爷爷奶奶的名字、姥姥姥爷的名字以及同学老师的名字，当然，也可以让孩子尝试写成语或者任何你想让他学习的文字。

利用身体部位，也可以升级为用"身体加声音"的方式写名字。即每个字除了需要用不同的身体部位来书写，每一笔画也需要发出不同的声音，声音最好也不是我们熟知的语言，而是"哼、哈、嘿、哦、啦"这一类的拟声词。记住，同一个笔画要用相同的拟声词（在升级版的游戏中，孩子对汉字的笔画应该有一定的了解）。

家长也可以让孩子用身体部位来写一个词，家长来猜孩子写的是什么。家长甚至可以规定孩子只能用屁股在空中写字。试一试，会特别有趣哦！不能出门玩的时候，这个游戏可以很好地帮孩子释放精力，还能加深孩子对写的字的印象。

7 超级舞王

训练目的：锻炼孩子的节奏感和身体表现力
道具要求：3米长，1.5米宽的一块空间即可
参加人数：2人及以上

3岁以上

　　在游戏前，家长要备好多种类型的音乐，可以是古典音乐、爵士音乐、摇滚音乐、民族音乐、流行音乐等，带有歌词或不带歌词都可以。音乐也不用局限于某个国家和地区，非洲的鼓点、法国的香颂、东南亚的民族音乐、印度的音乐或是民间小调等都可以，越多元越好。音乐播放的顺序最好一动一静，一悲一喜交叉着。当音

乐准备就绪，家长可以在家里为孩子划定一块小舞台，然后再邀请其他家庭成员当观众，一起欣赏"超级舞王"（孩子）的表演。

孩子在表演之前不需要事先听过音乐，只需要随着音乐起舞就可以了，所有的表现都是当下的反应和即兴创作。舞蹈动作的精准度或者优美度不是重点，重要的是孩子可以在听到不同音乐时，身体给予不同的反应，让身体在韵律中张弛有度，肢体得到完全的舒展。每一次的表演大概需要10首音乐曲目，每一段音乐只需要播放20秒，整个表演过程大概在3分钟左右。

孩子在表演过程中，不管表现如何，观众都应该多给孩子鼓掌和叫好，让孩子可以尽情地发挥与创造。

这个游戏可以每周进行一次，但不需要每次游戏都替换新的音乐曲目。偶尔替换两三首歌就可以。

- **Tips**

孩子可以跳自己喜欢的动作，不强求每次都要一样或者不一样。久而久之，家长会发现，就算没让孩子上舞蹈课，孩子也能自如地运用身体，告别僵硬及不协调！

8 西部牛仔

训练目的：培养孩子的互动反应力以及声音、身体表现力
道具要求：家里任意空间
参加人数：3人

5岁以上

"西部牛仔"是一个深受孩子喜爱的枪战游戏，因为它不仅可以锻炼孩子的声音和肢体表现力，还可以创造一种紧张刺激的战斗环境。

两个西部牛仔（家长和孩子）即将展开一次危险的枪击比赛，两人都拥有自己的枪械（想象中的），裁判（另一位家长）的任务则是要选出最强牛仔。游戏开始之前，牛仔可以藏在家里的任何地方备战。当裁判说"开始"，双方牛仔就可以开始寻找对方的藏身地点，并找机会向对方开枪。牛仔必须用手做出握枪或者举枪的动作，开枪

时也必须发出"啪!"的声效,牛仔可以躲避子弹,但如果裁判发现牛仔面前没有任何掩护,而对手又朝其开枪时,必须判定牛仔中弹。裁判如果说出"某某中弹",中弹者就必须发出中枪受伤的声音——"啊!",然后继续作战。

一个人若中弹 5 次(裁判需要计算),就算输了,裁判这时就要宣布"某某中弹 5 次",牛仔就要发出惨烈的声音,然后慢慢倒下,游戏结束,裁判会宣判战胜的一方为最强牛仔。

游戏中,一定要注意孩子的安全,因为孩子有时为了闪避枪弹,会不小心跌倒或者撞向家里的家具。如果家具上有坚硬的棱角,一定要提前做一些处理;如果家里有贵重的古董、名贵的财物,一定要事先收起来。

这个游戏孩子一旦学会了,会成为他跟小伙伴们一起嬉戏的保留节目,他也更容易成为集体活动的组织者和领导者。

9 掌中镜

> **训练目的**：培养孩子的形体柔韧度和身体表现力
> **道具要求**：地毯或地面柔软的场所
> **参加人数**：2 人

3 岁以上

家长想象手中有一面小镜子，孩子要用脸面对着家长的手，并跟镜面保持固定的 10 厘米距离，就像照镜子一样。当手掌移动的时候，孩子的脸和身体跟着匀速移动。这时候很多有趣的、意想不到的、高难度的形体动作会随着手掌的移动而产生。比如家长可以把镜子照着地面，或者把镜子放到地上，还可以把镜子对着自己，孩子也都要跟上来照镜子。

家长的手掌移动速度一定要放慢！越慢越好，好让孩子可以跟得上手掌的移动。如果害怕孩子会跌倒受伤，家长可以在客厅的地毯上进行游戏。

10 做鬼脸

训练目的：培养孩子的面部表现力
道具要求：无
参加人数：2人及以上

3岁以上

这个"做鬼脸"的游戏是幼儿园孩子最喜爱的游戏之一。每次看见别人做鬼脸时，孩子们都会捧腹大笑，欢乐不已。

在这个游戏中，每个人可以轮流做鬼脸，再由其他人来模仿，确保每个人有机会尝试模仿不同人做出的鬼脸。

扮鬼脸有些什么方法呢？家长可以试试瞪大眼睛，鼓起腮帮，撑大鼻孔，嘴角拉伸做大笑状，撅起嘴唇，伸长舌头，猛皱眉头，突出下颌，做吃了酸柠檬的表情，将所有脸部器官都往鼻子中心挤弄，把所有脸部器官拼命往外伸张等。

做鬼脸的游戏除了可以增加脸部表情的表现力，也可以增强孩子的模仿能力。

11 身体刻度表

训练目的：培养孩子的身体表现力
道具要求：地毯或地面柔软的场所
参加人数：2 人

3 岁以上

"身体刻度表"的游戏是训练孩子跟随一定的节拍，将身体从最紧缩的姿势有控制地张开到最舒展的姿势，抑或反之。

家长先让孩子舒服地躺在事先铺好的垫子上，然后将身体蜷缩到最小或者舒展到最大。随后家长"1、2、3……"这样有节奏地数十个节拍，孩子随着节拍让身体一点点地舒展或缩小。

如果一开始保持最蜷缩的姿势，十拍之后就要变成最舒展的姿势。如果一开始保持最舒展的姿势，十拍之后就要变成最蜷缩的姿势。之后家长可以再打着节拍让孩子反着来一次。

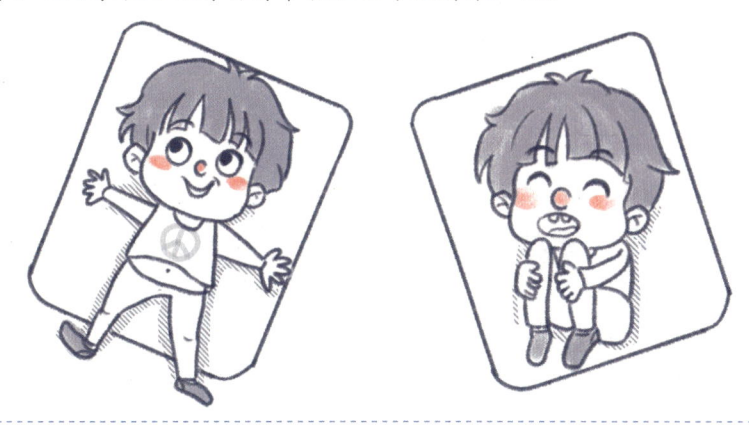

不管是舒展或缩小，都不需要每一次动作都一样，只要第十拍的时候，孩子的身子是张得最大或缩得最小就可以了，至于是朝左朝右，什么姿态都是可以的。最终的目的是让孩子清楚地知道，每一个拍子等同于身体的一个缩小或者舒展的刻度。家长可以告诉孩子，尽量让每个节拍下身体舒展或缩小的幅度保持一致。

这个游戏可以反复做，直到孩子能够匀速地完成"十拍缩小"和"十拍舒展"。

> 当孩子逐渐习惯自己的身体在"十拍子"的时间内缩小和舒展后，家长就可以调整拍子的数字，也就是省略掉一些数字。
>
> 比如说，本来的十拍，可以变成六拍："一、三、五、七、九、十"或者"一、二、四、六、八、十"。这样，孩子通过六次伸缩，让身体流畅地完成动作，而不是磕磕绊绊、忽快忽慢地进行。通过反复的训练，这个游戏可以让孩子的身体变得灵活和收放自如。

12 身体 ABC

训练目的：培养孩子的身体表现力
道具要求：无
参加人数：2 人

7 岁以上

不要轻视我们身体摆造型的能力哦！你知道吗，很多平面模特都可以在不间断的拍摄下，摆出 200 个不同的造型动作。经常玩"身体 ABC"的游戏，孩子也会拥有这个能力呢。

"身体 ABC"的游戏就是让孩子想一个英文字母，大小写都可以，然后用身体摆出英文字母的造型。比如，摆大写字母 A 的造型，就可以双脚分开，双手举过头顶，指尖合拢；摆小写英文字母 q 的造型，就可以把一只手弯曲摆在脸旁边形成一个圆圈，然后勾起一只脚。

- Tips
家长可以来猜孩子摆的是什么字母，如果猜不出来，请孩子照镜子调整一下，让家长再猜，直到猜出答案。

当孩子掌握了所有的英文字母造型后，就可以试着用身体快速摆一摆英文单词的造型，比如，家长喊出英文单词 CAT（猫），孩子就要按照顺序摆出"C""A""T"的身体造型啦！当英文造型都熟悉了以后，家长也可以让孩子试试摆出简单的中文汉字，比如，"大""中"等，千万不要低估孩子的能力，他们摆出来的造型没准儿会让你大吃一惊。

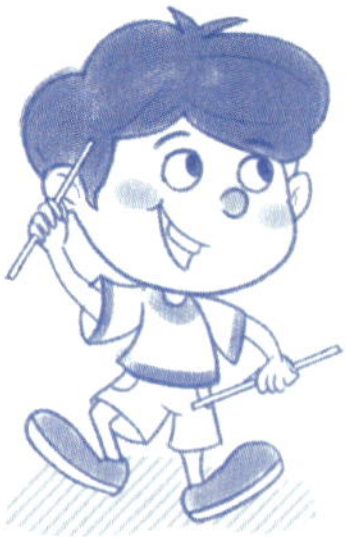

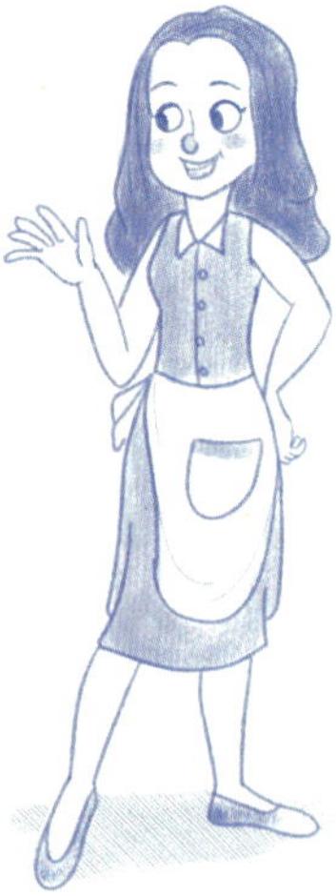

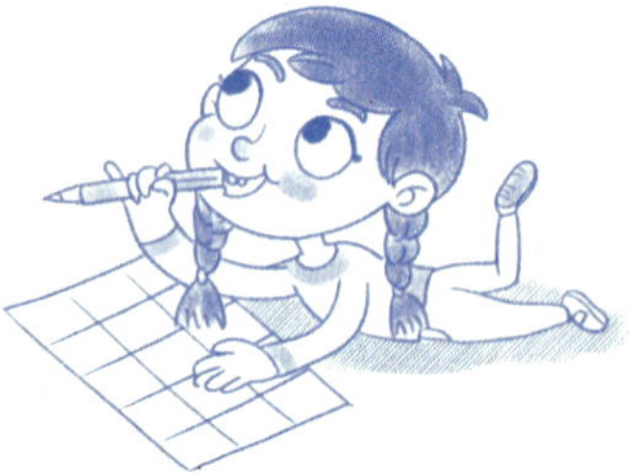

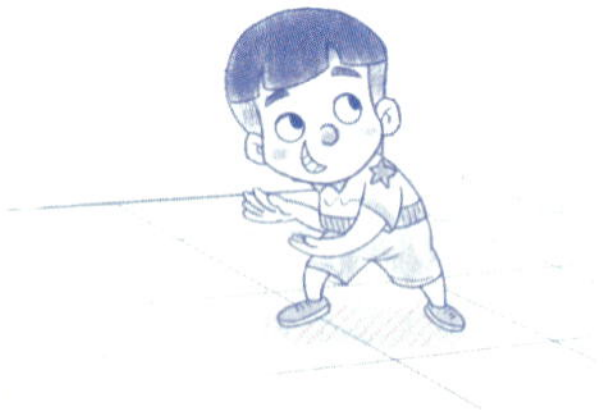

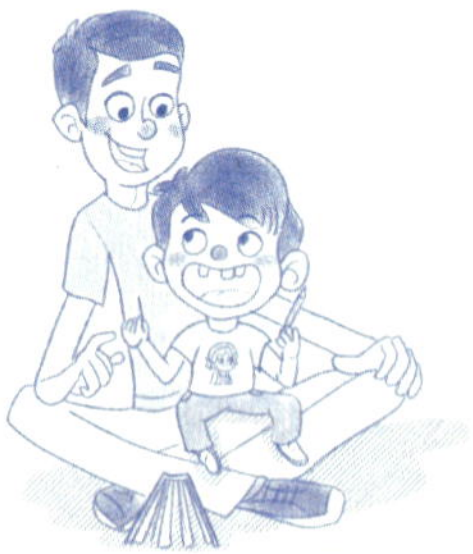

八

想象力

孩子是天生的想象力大师。他们会想象身边的各种东西是有生命的，和身边的一切对话，用好奇的眼光去发现惊喜。但很多家长并不知道如何保护孩子的想象力，一直忽略甚至打击他们，慢慢地孩子的天分就被磨灭了。

童话大王郑渊洁先生就非常注意保护孩子的想象力。他的孩子在两三岁时，每天都会把牛奶倒进三轮脚踏车的车筐里，对爸爸说："车子要吃饭。"郑渊洁不但不批评孩子的行为，反倒鼓励孩子"喂饱车子"，免得车子饿死了。后来郑渊洁给孩子买了四轮玩具小汽车，并交待"这是核动力的，不吃饭也能跑，再也不用给它喂牛奶了！"孩子就没有再为车子喝奶了。

家长和孩子相处时，也要注意保护孩子的想象力，不用成人的思维方式去武断纠正孩子。

当然保护想象力是一方面，家长还要主动培养和激发孩子的想象力。在家时，各种好玩的戏剧游戏就是非常好的培养工具。

1 物件讲故事

训练目的：培养孩子的想象力和表达力
道具要求：家里
参加人数：2人

这个游戏有一点难度，所以开始的时候，建议家长先做示范。

家长随便挑三样身边的小物件作为道具，这些小物件可以是手表、笔、尺子、汤匙、晾衣架、鼠标、唇膏、香水、冰箱贴、照片、湿纸巾等。选好了道具以后，家长就要开始利用这些道具来编故事了。但是这些道具不能以它真实的"身份"出现，而要变成一个外形上有一点类似的其他东西。

如果你选的道具是剃须刀，那么在故事里，它可以变成除草工具、可以变成一艘太空飞船、可以成为英文字母"T"字、可以变成狗狗爱吃的骨头，就是不能是剃须刀。同样的，如果你选的道具是手表，那么它在故事里就不能是手表，可以是时光机器，可以是镜子，可以是项链……你可以根据手表的外形去为它赋予新的身份，是不是很有趣！

　　该如何用三个有了新身份的物件串联起一个故事呢？我们举个例子。如果你挑中的三样小物件分别是：一支铅笔、一根牙签和一本书，也许你的故事可以从森林的一间糖果屋（把书打开朝下立着，摆出一个三角帐篷的模样）说起。

　　在森林里的某个角落，有一间漂亮的糖果屋（向孩子展示摆好三角帐篷造型的书本），这个糖果屋里头住着的不是善良的仙女，而是一个专吃孩子的老巫婆！老巫婆每天都守在森林里，等待迷路的孩子出现，然后利用糖果屋的香味去吸引他们来到家里。

　　这一天，一对可怜的兄妹由于遭到了狠心继母的抛弃，流落荒林。饥饿难忍的兄妹俩看见了糖果屋，便迫不及待地从糖果屋上抠下糖果吃了起来。老巫婆发现了兄妹俩，就把妹妹给捆了起来，然后逼哥哥到森林里去砍柴，因为她打算把皮肤雪白的妹妹煮来吃。哥哥走在森林里，一边流着眼泪一边砍着树木（这时候把铅笔立起来，变成树木模样）。他想起爸爸说的话，一定要保护好妹妹！没错，他是哥哥，他有责任保护妹妹！于是，哥哥把木柴准备好，然后回到糖果屋去实行他拯救妹妹的计划。

　　一回到糖果屋，只见老巫婆正在用汤勺（拿出牙签作为汤勺状）搅拌着一锅汤,"嗯,味道没问题!一会儿把火生起,就可以把妹妹给煮了",老巫婆心里想。哥哥把木柴一根根地放进灶炉里,放好后,老巫婆让他生火,但是哥哥表示怎么也生不起来,老巫婆生气地把哥哥推向一边,自己来生火。就在老巫婆蹲在灶炉边准备点火时,哥哥用力把巫婆推进灶炉里,然后赶紧点火,让老巫婆和木柴一起燃烧起来,妹妹终于得救了!之后兄妹俩带着糖果屋里的面包和糖果,还有老巫婆留下来的金银珠宝,回到了家里。狠心的继母早已在饥荒中被饿死,剩下他们的父亲每天在悲伤中等着他们回家。兄妹俩从此跟爸爸一起过上了美好的日子。

做了几次示范后,就可以让孩子挑选自己的小物件,给爸爸妈妈讲故事了!如果孩子无法讲出完整的故事,家长可以带着孩子从亲子共读过的故事开始,先让孩子说出故事里的一样东西,然后让孩子在屋子里找到可以替代的物品,直到准备好三个物品,就可以用家长说一段,孩子说一段的方式往下讲孩子熟悉的故事了。如果孩子卡住了,家长还可以继续提醒和补充。

如果孩子玩得好,他不仅能顺畅说出听过的、看过的故事,甚至可以编出新故事,届时你们家就会诞生一位讲故事大王啦!

2 物件传递

训练目的：增强对身体躯干以及四肢肌肉的控制力，增强意志控制力
道具要求：无障碍的 3~5 米长的小空间（比如，家里的客厅）
参加人数：3 人以上

3岁以上

这个游戏适合全家人一起参与，人越多越好，最好是在家庭聚会中进行。

当所有人都围坐成圆圈后，第一个人拿出一个普通的物件（可以是筷子、矿泉水瓶、杯子、书等），所有人依次根据这个物件的外形，为它赋予一个新身份，并且将这个新身份所具备的新功能"表演"出来。拿着物件的人表演时，只有至少其他两个人猜出这个东西"变成了"什么，表演的人才可以把东西传递给下一个人，由下一个人再为其设一个新身份进行表演。需要注意的是，为物件设计的新身份必须和物件本身的形状差不多。

比如说，需要传递的是筷子：第一个人把筷子变成了"指挥棒"，然后哼起了某首交响曲的旋律，手还不停地挥棒，表示自己是个指挥家；第二个人拿到这根筷子，即刻表演了"击剑"动作，筷子在他的手里变成了"一把剑"；第三个人拿到筷子后，开始在想象的画布上勾勒几笔，筷子瞬间成了画家手里的"彩笔"；第四个人拿到了筷子，开始在虚构的杯子里搅拌，然后吸了吸它，原来筷子现在的新身份是"吸管"；第五个人拿到筷子后，开始敲击想象中的架子鼓，嘴里发出鼓声，没错，筷子变成了"鼓棒"！

注意，变化后的物体需要跟筷子保持形状上的相似。

这个游戏可以就着一个物件一直持续下去，如果接到物件的人想不出能为物件设计什么新身份，或者表演了重复的内容，就会被淘汰。谁能够坚持到最后不被淘汰，谁的想象力就最丰富，就是胜利者！之后可以换一个物件，再开始新一轮游戏。

如果一场游戏中，孩子可以轻松地给每个物体想出20种以上的相似物，他的联想能力非常丰富。即使孩子还不能做到，他也能够通过家人的示范，获得很多灵感，来展开想象。

3 吃不完的美味

训练目的：培养孩子的想象力，调动孩子的记忆力和表现力
道具要求：可以全家围坐的场地，塑料碗
参加人数：4 人及以上

6 岁以上

同一个空碗，不同人来表演，能吃出哪些不同的美味呢？

这个游戏适合多人一起参与，大家围坐成一个圆圈，从第一个人拿起空碗开始，要说出自己吃的是什么，并且表演出来。

1 第一个拿碗的爸爸打算吃一碗"方便面"，那么他要假装先撕开泡面的盖子，接着撕开脱水蔬菜包和调料包放进去，再加热水。而且这时他绝对不能用筷子，而是要假装手里拿着的是塑料叉子，还要把叉子掰直。准备吃了，揭开盖子后是不是先要躲一躲热气？接着是不是再用叉子拌开面条？他的手能不能感觉到面条的重量？喝汤时是不是不能单手端着碗底，而是两只手提着碗边，吹吹凉，小心翼翼地喝？这些都可以在表演的过程中细致地表现出来。

2 妈妈拿到碗准备吃烧鸡，她是不是会在摸到烧鸡的瞬间感到烫手？是不是会先用手把鸡腿从鸡身上撕下来？之后再一手抓住鸡腿骨，用嘴咬住烧鸡，用力一扯？是不是会翻来覆去把鸡腿肉啃干净，再把骨头丢掉？她的手上是不是吃得油乎乎的？她能不能通过表情让人感觉到这个烧鸡是偏咸、偏淡还是口味正好，非常美味？

3 奶奶拿到碗准备吃炸酱面，她有没有先把酱倒进去？有没有用力把面拌匀？她能否通过几种不同的表情，让人知道面里放了几种配菜？她能不能通过咀嚼速度和力度，让人知道这个面是偏软还是偏硬？她喜欢吃还是不喜欢吃？

当一个人在表演的时候，家里其他人可以根据观察，说出自己猜测表演者现在"吃到"哪一步了，并且还可以说说表演的人"吃"得像不像。

当孩子开始玩这个想象游戏时，如果做的有点着急，跳过了很多步骤，爸爸妈妈也可以从旁用语言来提醒孩子：

"这东西烫吗？烫的话你要吹吹。你的碗有多重？你用的是筷子还是手？咬下去是什么感觉？味道怎么样？"相信经过一次又一次的观察和练习，孩子可以做到仅仅靠想象，就能吃出一碗美味来！

4 开头结尾

训练目的：培养孩子的想象力和表达力
道具要求：无
参加人数：2人

在"开头结尾"这个联想游戏中，家长需要先给孩子两个词，这两个词可以完全没有关联。然后由孩子来编讲一个小故事，编讲的过程中要用上这两个词，且一个词要出现在开头部分，一个词要出现在结尾部分。

比如说，家长可以给出两个毫无关系的词——"月亮"和"红色的气球"，孩子可以编讲这样一个有趣的小故事：

"月亮"高高地挂在天上，路上一个人都没有，整条街道显得冷冷清清的。加完班的爸爸带着他的电脑包，拖着疲惫的身躯，往家里走去。爸爸看了看手表，已经是凌晨1点了。"唉，家里人都睡了吧？应该都睡了。已经有多久没见到自己的宝贝孩子了？答应带他去游乐园的愿望，一次次因为公司加班而取消。"爸爸边走边想。回到家打开家门后，眼前一片漆黑，爸爸按了一下客厅灯的按钮——"祝你生日快乐！祝你生日快乐！……"妈妈捧着一个蛋糕为爸爸唱起了生日歌，我也在一旁拍着手，大声地唱着！爸爸往客厅墙上一看，出现大大的六个字——"爸爸生日快乐！"没错，那是我和妈妈布置了整整一天的生日场景，一共用了50个"红色的气球"！

如果家长一下子想不到给出哪些词，可以翻开任意一本书，随便指一个位置，看指到什么词语。也可以在书架上随便找两本书，用书名做游戏的题目。

如果孩子不知道怎么说到结尾那个词，可以向家人求助，全家一起把故事编完。还可以每人编一个版本，看谁的故事更有趣。相信在家长的不断示范之下，孩子会渐渐找到讲故事的方法。

这个联想游戏同样也可以让孩子出题，爸爸妈妈编讲故事，爸爸妈妈们是否也能讲出好玩有趣的故事呢？

5 爱的礼物

训练目的：培养孩子的想象力和表现力
道具要求：礼物盒，不同的物品
参加人数：2 人

6岁以上

孩子们都喜欢收礼物，尤其是生日、儿童节、圣诞节或是任何特殊的日子里。"爱的礼物"这个游戏就是通过礼物来培养孩子的想象力的。

家长可以准备一个礼物盒，在里面放入一个东西，这个东西可以是一条围巾、一个罐头、一本书、一个瓶子或是一个小枕头等。每次游戏时，孩子要连续若干次打开礼物盒，假装收到不同礼物，并且用动作让家长知道自己收到的

是什么礼物。比如说，当孩子打开盒子看到一条围巾时，可以把围巾当成用布包裹的娃娃，孩子将围巾叠好，抱在怀里，像哄宝宝一样，当家长猜出来之后，再把东西放回盒子里。再次打开后，可以假装看到一个鸟窝，然后表演从中捧出一只毛茸茸的小鸟的动作。接着再将假想中的小鸟放回礼物盒里。再次打开，这次可以假装自己拿到了西班牙斗牛士的红布，然后来一场精彩的斗牛比赛……一份礼物可以尝试让孩子打开三至五次，也就是说，一条围巾可以在孩子的想象力驱使下，变成一条男士领带、阿拉伯人的帽子、跳绳、红盖头等。孩子每一次打开礼盒所呈现的表演，都会带给家长无限的惊喜！

如果孩子想不出来可以怎么表演，家长可以带着孩子在房间里找找哪样东西和盒子里的礼物类似，并用礼物模拟那件东西如何使用，比如，用围巾表演皮带的使用。如果孩子演得不够逼真，比如，不知道怎么用围巾模仿皮带，家长还可以让孩子先体会一下使用真的皮带时会做的动作，然后换成围巾再演一遍。通过不断的观察、模仿、迁移，相信孩子的想象能力会越来越出色。

6 画中故事

训练目的：培养孩子的观察力、审美力、想象力和表达力
道具要求：两张彩印出来的名画
参加人数：2 人

"画中故事"这个游戏既可以让孩子接触世界名画，对名画留下深刻印象，又可以让孩子借助名画展开自己的想象，为两幅名画搭建新的故事。

在游戏开始前，家长可以选择两幅喜欢的名画，将它们彩色打印在 A4 大小的纸上，孩子需要在看完两幅名画后，用一幅名画上的内容作为故事的开头，用另一幅名画上的内容作为故事的结尾，去创编属于自己的故事。拿梵高的静物作品《向日葵》和达·芬奇的肖像作品《蒙娜丽莎》两幅画来举例：

安妮望着桌子上的向日葵，是的，向日葵已经慢慢地枯萎了，但是她远航的父亲仍没有消息。三个月前，当父亲带着行李箱准备登船之际，

对安妮说，"孩子，爸爸答应你，向日葵盛开的季节，就是爸爸回来的日子"。上周，是向日葵开得最茂盛的时候，安妮将向日葵插在了自己最喜爱的花瓶中，一、二、三、四……15朵美丽的向日葵，每一朵向日葵似乎都在迎接父亲的归来。安妮坐在窗边静静地等着，等着，她坚信父亲一定会回来的。虽然现在局势一片混乱，战争正在持续，但她始终相信，父亲会回来的。安妮就这么静静地等着，等着……

如果孩子看完名画不知道故事怎么讲，家长可以问问孩子，两幅画看起来分别画了些什么内容？画中人可能遇到什么事情？他们在想什么，做什么？然后再帮助孩子，通过联想把两幅画中的故事连起来，组成一个故事。

> **Tips**
> 最后，家长可以在孩子讲完故事后，介绍名画的作家或者名画背后的故事，这样既能鼓励孩子自由展开想象，又能让孩子获得更多的艺术知识。

7 听出故事

训练目的：培养孩子的倾听力、想象力和表达力
道具要求：不同类型的音乐
参加人数：2 人

每一首歌在创作的时候都有自己的故事，每一首歌里都有自己的情绪，它可以是纪念一段岁月的流逝，可以是怀念过去的小幸福，可以是鼓励自己走出曾经的阴霾，也可以是记录一段友情的真挚。听歌的人也会从歌曲中，听出自己的故事。

"听出故事"这个游戏，就是让孩子通过音乐进行联想，然后再跟家长叙述自己所联想到的故事。家长选择的音乐最好是没有歌词的，这样能帮助孩子无限制地展开想象。

听到《卡农》，孩子可能会说：有很多星星在天空跳舞，然后它们顺着彩虹从天空滑到大海里游泳。也可能会说：像是一个小女孩在不停跑步，她想要找到自己的妈妈。家长可以鼓励孩子的想象，也可以告诉孩子自己想象的故事。

听到音乐后，如果孩子不能讲出自己听到的故事，那么家长可以用提问的方式来帮助孩子建构故事，比如：你觉得这个故事发生在哪？故事里有谁呢？他住在哪里？他的职业是什么？他快乐吗？他家里有宠物吗？他跟谁住在一起？他有好朋友吗？他平时喜欢做什么？他有什么兴趣爱好吗？如果是一个冒险的故事，那么他要拯救谁？或者他要通过冒险获得什么？如果是一个太空飞行的故事，那么在太空里会遇见什么外星生物呢？如果孩子听出的故事发生在恐龙存在的时代，那么主人公是什么类型的恐龙呢？这只恐龙遇到了什么麻烦吗？

长期利用这个游戏来训练孩子，可以增强孩子的想象力，也会增加孩子对音乐的敏感度，从此爱上音乐。

8 几何图案变变变

训练目的：培养孩子的想象力和绘画表现力
道具要求：A4 白纸
参加人数：2 人

4岁以上

玩这个游戏之前，家长需要先在一张 A4 白纸上，画上圆形（或椭圆形）、三角形和方形（正方形或长方形都可以），每一种形状画五个，然后让孩子发挥想象力，在上面添上几笔后，使其变成新物件。

比如圆形的图案，如果外面加几道散射的直线，可以是太阳；圆形里头再画一个小圆，可以变成甜甜圈；圆形里顺着边缘写上数字，在中间画上指针，可以是钟表……此外，三角形可以是甜筒、三明治、旗子等；长方形可以是电视机、手机、书本、一幅画等。

如果孩子已经能够在这三种图形上画出多样的事物，可以让他们试试圆锥形、梯形、五角形、六角形、八角形、星形、心形等形状，让他们创造出更多的事物。和孩子玩这个游戏的过程中，你必定会惊讶孩子的想象力哦！

下面是圆形、三角形、正方形添加几笔后呈现出的相应图案：

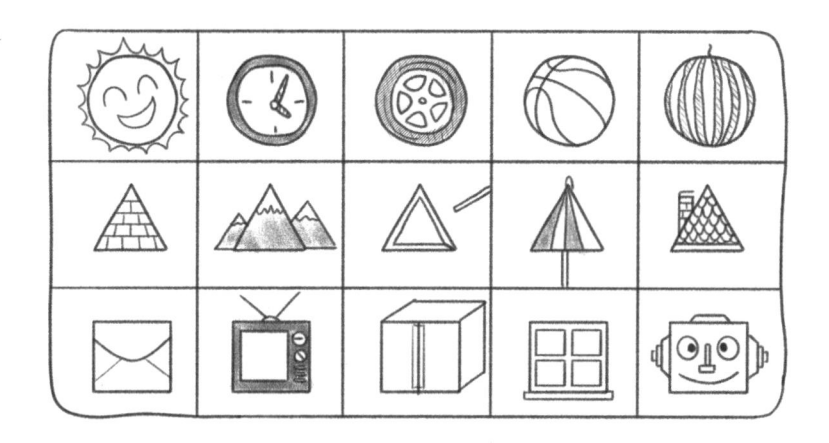

9 超级球赛

训练目的：培养孩子的想象力和肢体表现力
道具要求：客厅
参加人数：2人

6岁以上

谁说球赛必须在球场上进行，在"超级球赛"的戏剧游戏里，我们随时可以和孩子在家里的客厅展开一场紧张刺激的球赛，它们可以是羽毛球、乒乓球、排球、壁球等。

以乒乓球为例，两个球员（家长和孩子）分别站在客厅的两个位置，相距大约三米。两人的中间是一个虚拟的乒乓球桌，甚至手里的球拍和乒乓球也都是假的。游戏开始，其中一个球员做出开球的动作，将乒乓球传给对手，对手要根据对方传球的方向接球，再把球打回来，一来一往，动作要非常逼真。

如果家长发现孩子的动作明显不准确,可以提示孩子:"注意,我现在扣球了,球速非常快哦。""小心,我往右边打过去了哦。"家长还可以重复一个动作多次,直到孩子做出准确的反应为止。

也许你不相信,虽然场地、两个球员间的球桌、球拍和球都是虚构想象的,但是游戏后,家长和孩子完全跟真实运动场上的运动员一样,累得满身大汗。

如果孩子模仿得不像,家长可以先带孩子看看比赛的视频,体验一下这项运动,这样孩子在游戏的过程中会更加知道怎么做,更有兴趣参与其中。

10 隐形的乐器

训练目的：培养孩子的想象力和表现力
道具要求：无
参加人数：2 人及以上

6 岁以上

在"隐形的乐器"游戏中，我们会邀请小小音乐家（孩子）来为我们演奏各种曲目，这个音乐家不简单，因为别人最多只会演奏一两种乐器，这个音乐家却会演奏所有的乐器！

家长们可以先邀请音乐家演奏孩子熟悉的曲目，比如生日快乐歌、圣诞歌或是欢乐颂之类的歌曲。开始的时候，可以让孩子先用人声演唱，然后嘉宾（家长）提出想听什么乐器。然后孩子马上要用身体表演出演奏这个乐器的姿势，嘴里模仿这个乐器的声音，哼出旋律。

比如，当嘉宾希望听到钢琴版的歌曲时，音乐家就会双手放在桌面上做出弹钢琴的模样，嘴里哼出声音圆润的旋律；同样的，如果嘉宾点名要听二胡演奏，那么音乐家就可以左手扶弦，右手持弓，在腿上做出拉二胡的动作，然后压扁声音，哼唱出二胡音效的旋律啦！如果孩子模仿的乐器声音不准确，家长可以为孩子做出示范，或者陪孩子看看视频，一起模仿。

欣赏这个音乐，当然也需要点想象力啦！嘉宾别忘了陶醉地随着音乐摇头打节拍，并在演出结束时给音乐家热烈地鼓掌，给予鼓励。

11 神奇的围巾

训练目的：培养孩子的想象力和表现力
道具要求：一条围巾
参加人数：2 人及以上

6 岁以上

家长需要为孩子提供一条围巾作为道具，"神奇的围巾"游戏的一切练习都会围绕这条围巾展开。

家长先将围巾交给孩子，然后问孩子能不能让这条围巾看起来：

■ 变得很大（孩子可以把肢体舒展得很大，踮起脚，假装围巾又长又大）

■ 变得很小（孩子可以用指尖拿着围巾，一切动作都小小的，轻轻的，让人感觉围巾非常小）

■ 变得很平顺（孩子可以一脸沉醉地用脸摩擦着围巾，并不停用手抚摸着）

■ 变得很刚硬（孩子可以表现出每折叠一下围巾都很用力的样子，像是使出全身力气）

很快乐

很轻

- 变得很轻（孩子可以让围巾轻松地被抖开，并表现出每次抖开围巾都飞起来的感觉）
- 变得很重（孩子可以弯下腰抱住围巾，表现出每一下移动都很费力的样子）

……

如果孩子想象不出该怎么做，家长可以采用括号里的提示，为孩子做出示范。如果孩子有自己的演法，而且演得非常生动，家长也应该给予鼓励和肯定。

> 当孩子完成后，家长就可以让孩子假装围巾是一个人。孩子需要让围巾看起来：
> （1）很快乐（孩子可以拉着围巾欢乐地转圈圈）
> （2）很伤心（孩子可以给围巾擦眼泪，不停抚摸它）
> （3）很生气（孩子不停拍着围巾，小声说"不要生气"）
> （4）很害羞（孩子不停把围巾被折叠起来的部分拉出来，说"别害羞，来见见大家"）
> （5）很害怕（孩子可以挡在围巾前面，转过身抱住围巾，拍着围巾说"别怕，别怕"）
> ……

总之，孩子可以利用语言和动作来展现不同的围巾。

如果孩子表演不出来，家长可以示范，跟孩子讨论怎么演更好，让孩子先模仿，最后再创造出自己的表演方式。

看完这些训练想象力的游戏，一起在家里的客厅享受孩子想象力的迸发吧！

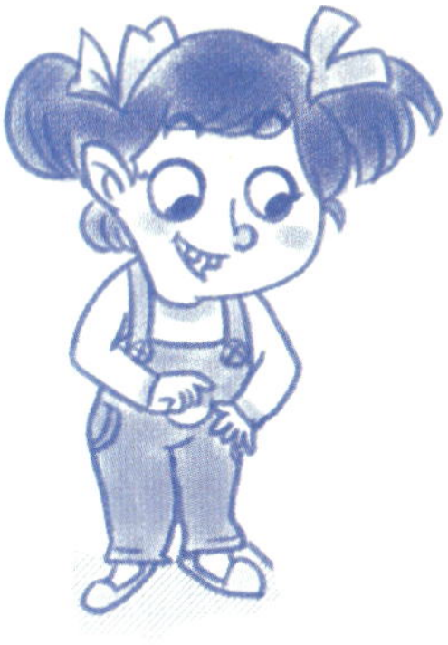

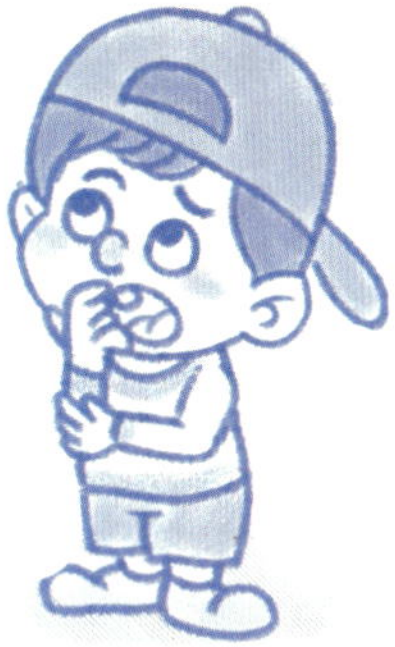

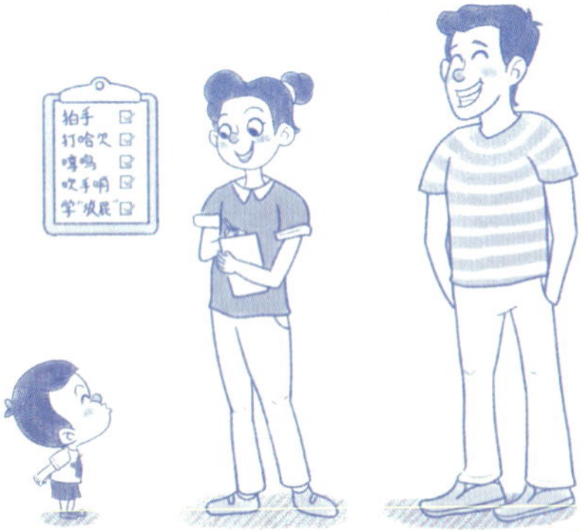
拍手
打哈欠
嘬鸣
吹手哨
学"放屁"

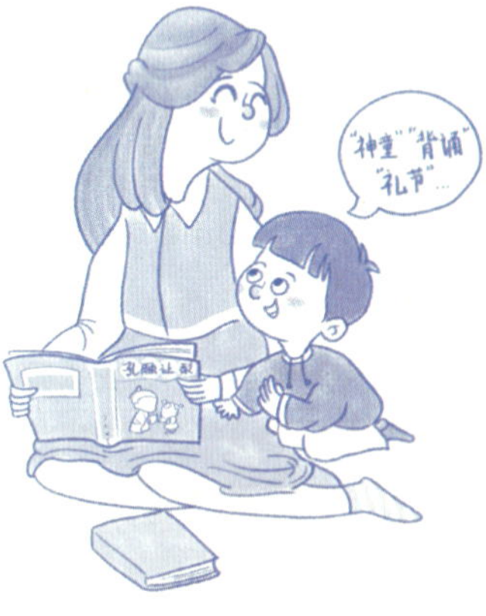
"神童""背诵"
"礼节"…
孔融让梨

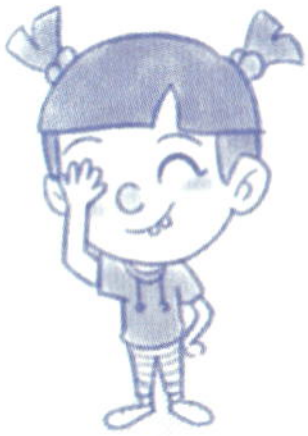

九

记忆力

许多学习成绩不理想的学生总喜欢把责任归咎于记性不好，家长也或多或少这么认为。但其实，一个正常的人脑的信息储存量可以达到1千万亿个信息单位，相当于美国国会图书馆藏书量的50倍，即5亿本书的知识。孩子学习的那点知识根本不构成对人脑储存量的挑战。

　　那问题出在哪儿呢？出在大多数人并不知道如何去开发和运用人脑的潜能，不知道怎么增强自己的记忆力。

　　那怎么增强记忆力呢？市面上有很多成熟的方法，可以借鉴。我们在这里，仅看看家长在家从小可以提高孩子记忆力的游戏有哪些。

1 字头字尾

训练目的：培养孩子的记忆力
道具要求：无
参加人数：2 人及以上

8 岁以上

"字头字尾"是一个深受大家欢迎的记忆力接龙游戏，很适合在家庭聚会中进行。这个游戏不需要任何道具，所有人围坐成一圈后，就可以开始了。

第一个人只需要说出一个词或者一句话，后面的人需要先复述前一个人说的词或句子，再根据这个词或句子的最后一个字，重新搭配新词或者新句子。这样下去，词组或句子就会积累得越来越多，后面的人需要记住越来越多的内容，特别考验记忆力。

接龙的人忘记了前面人说过的词组或句子，抑或接不上新的词组或句子时，众人可以倒计时 5 秒，5 秒之后接龙的人还是想不起来或接不上来，就算输了。之后可以从输的人开始重新进行新的"字头字尾"的游戏。我们来做个示范：

孩子：电视机

爸爸：电视机、机关枪

妈妈：电视机、机关枪、枪打出头鸟

孩子：电视机、机关枪、枪打出头鸟、鸟儿飞

爷爷：电视机、机关枪、枪打出头鸟、鸟儿飞、飞行员

奶奶：电视机、机关枪、枪打出头鸟、鸟儿飞、飞行员、员工

爸爸：电视机、机关枪、枪打出头鸟、鸟儿飞、飞行员、员工、工匠

妈妈：电视机、机关枪、枪打出头鸟、鸟儿飞、飞行员、员工、工匠、匠艺

孩子：电视机、机关枪、枪打出头鸟、鸟儿飞……

（说的人忘记时，众人开始倒计时：5、4、3、2……）

孩子：……飞行员、员工……

（众人开始倒计时：5、4、3、2……）

孩子：……工匠……

（众人开始倒计时：5、4、3、2……）

孩子：……工匠……

（众人开始倒计时：1！）

众人：哈哈，时间到，你输了！

（重新开始）

孩子：超人、人山人海

爷爷：超人、人山人海、海滩

奶奶：超人、人山人海、海滩、滩……滩……

（众人开始倒计时：5、4、3、2、1！）

众人：没接上，奶奶输啦！

（重新开始）

奶奶：厨房，房间

（众人持续着……）

通过这个游戏，看看谁的记忆力最好，能够坚持到最后吧！

2 过目不忘

训练目的：培养孩子的观察力和记忆力
道具要求：相似但不完全相同的多件物品
参加人数：2 人

5岁以上

在游戏开始之前，爸爸妈妈需要准备相似但不完全相同的多件物品。比如不同颜色的蜡笔或者不同颜色款式的袜子，或者是不同画面的明信片、不同模样的冰箱贴、不同种类的糖果或者不同类型的书本等。准备好这些"道具"后，爸爸妈妈需要将它们放在桌子上一字排开，一次游戏中只要排开同类的物体，并拍照记录，然后用一块布遮挡住这些物品。

随后孩子可以站在离桌子一米的距离外，爸爸妈妈打开遮布，让孩子在 30 秒的时间内仔细观察这些物件的排列顺序。30 秒之后，孩子可以先到另一个房间休息，爸爸妈妈调乱这些物件的顺序重新把布盖上，再把孩子带到桌边，掀开布条，让孩子重新将物件归位，排列出原先的顺序。最后再和照片记录的顺序做个对比，看看重新归位归得是否正确。

孩子刚开始玩这个游戏时，物品的数量可以从 5 件开始，如果孩子能轻松记住 5 件物品的摆放顺序，家长可以逐渐增加物品的数量。如果孩子多次游戏都不能准确归位，可以减少一件物品，帮助孩子增强自信心。

如果孩子能一次性记住 10 件物品的摆放顺序和样式，就值得大大地加以表扬。

3 声音的顺序

训练目的：培养孩子的听觉记忆力
道具要求：无
参加人数：2 人

4岁以上

"声音的顺序"的游戏主要是让孩子闭上眼睛，来仔细聆听家长制造出来的声音。

家长需要依次制造出 5 种不同的声响，这些声音可以是：拍手、拍地上、打哈欠、吹口哨、哼鸣、做出"放屁"的声响、学动物叫等。5 种声音完成后，闭目聆听的孩子要按顺序重现 5 种不同的声响，看看能够准确地完成几个。如果孩子忘记某种声音，或者顺序不对，家长可以让孩子闭目再听一遍。

有时候孩子的重现会不够准确。比如，家长发出的是拍大腿的声音，孩子重现时做出了拍手的动作。这时，家长可以让孩子闭上眼睛，再听一听拍大腿的声音和拍手有什么不同，然后让孩子再尝试复现一下刚才听到的是哪种声音。最后，等孩子复现完 5 种声音之后，家长可以让孩子看着自己发出 5 种声音，以便让孩子更加清楚，这些声音是怎么发出来的。

等孩子熟悉之后，还可以增加游戏的难度。比如从依次记忆 5 种声音，增加到依次记忆 10 种声音。另外，家长还可以通过一次发出两种声音，来增加游戏的难度，提升孩子挑战的兴趣。

4 你能记得我的故事吗

训练目的：培养孩子的听觉记忆力
道具要求：卧室
参加人数：2人

7岁以上

这个游戏可以选择在孩子的卧室进行，家长把准备好的故事讲述出来，孩子舒服地坐在床上听故事。孩子听完后，需要把故事复述一遍给家长，最重要的是，复述时一定不能遗漏故事里的5个关键词！什么关键词？就是家长在讲述故事时，需要有意地强调故事里的5个关键词，这些词主要是为了让孩子加深记忆，并有机会学习到新词汇。

拿《孔融让梨》的故事举例：

孔融小时候聪明好学，才思敏捷，巧言妙答，大家都夸他是神童。记得，"神童"是第一个关键词！

四岁时，他就能背诵许多诗词。"背诵"是第二个关键词！并且还懂得礼节。"礼节"是第三个关键词！父母亲非常喜爱他。

一天，父亲的学生带了一篮梨子来拜访老师和师母。父亲叫孔融分梨，孔融按照长幼顺序分给兄弟。孔融说："我年纪小，应该吃小的梨，大梨应该给哥哥们。"孔融让梨的故事，很快就传遍了汉朝。记得，"传遍"是第四个关键词！小孔融也成了许多父母教育子女的好榜样。"好榜样"是第五个关键词！

孩子在复述故事时，一定要强调5个关键词，才算过关。这样的话，他们既可以听到有趣的故事，还可以学习语文，在训练记忆力的同时，还可以把故事变成自己的故事，以后说给别人听，真是一举多得的好游戏啊！

如果孩子复述不出或者遗漏了一些关键词，家长可以提醒和补充，协助孩子完成故事。一旦孩子顺利复述，相信他的自信心和成就感会得到极大的提升。

5 数字在哪里

训练目的：培养孩子的观察力和视觉记忆力
道具要求：印好数字的 A4 纸、计时器
参加人数：2 人

5 岁以上

在"数字在哪里"的游戏里,家长需要准备一份密密麻麻、东分西散写着 50 个数字的 A4 大小的纸张,看看孩子能不能在 90 秒的时间里,按照数字的大小顺序(从 1 到 50 或者从 50 到 1)依次把它们找出来并画上圈圈。

同样的题纸家长可以复印很多张,每次玩游戏时都用一样的题纸,只是逐渐根据孩子的情况缩减游戏的时间,比如,把 90 秒变成 80 秒、70 秒、60 秒、50 秒、40 秒……看看孩子凭着自己的记忆,能够在多短的时间完成这个游戏。听说最快的人可以 20 秒内完成哦。

```
14       38  41    47 16 46
44                 19       28 43
29    9        18     36        21
           1     42        7
27       34   35     8
30    33   50          3      20
    10  48       2  49
                 37       6
26          11  12     23
       4  31    13 45        15
          39    40      5  24
22       32        17  25
```

6 摩斯密码

训练目的：培养孩子的记忆力
道具要求：无
参加人数：2 人

6 岁以上

家长和孩子听过摩斯密码吗？这种代码通过信号不同的排列顺序来表达不同的英文字母、数字和标点符号。在"摩斯密码"的游戏里，孩子需要凭借自己超强的记忆力，来帮家长破译密码。听起来是不是特别紧张好玩？

游戏开始之前，孩子需要记住碰触身体的不同部位代表不同的数字，比如说：

碰头发 = 1号	碰左耳 = 4号	碰左脸颊 = 7号	碰右肩膀 = 0号
碰左眼 = 2号	碰右耳 = 5号	碰右脸颊 = 8号	
碰右眼 = 3号	碰鼻子 = 6号	碰左肩膀 = 9号	

当然，触碰什么部位为几号，完全可以由家长和孩子自行决定。

孩子记好了每一个号码与动作之间的关系后，就要开始完成任务了。"摩斯密码"游戏里的任务有两种：一种是家长读出一串数字，孩子根据数字触碰身体的不同部位；另一种则是家长触碰10次自己的各个身体部位，让孩子凭着记忆猜出相应的数字是什么。比如：

■ 任务1：家长在纸上写好10个数字"8345670011"，然后按照顺序慢慢地念出。

孩子需要根据数字顺序来做出相应的动作：碰右脸颊（8）、碰右眼（3）、碰左耳（4）、碰右耳（5）、碰鼻子（6）、碰左脸颊（7）、碰右肩膀（0）、碰右肩膀（0）、碰头发（1）、碰头发（1）。

■ 任务2：家长慢慢地完成10个工作——依次碰右脸颊（8）、碰右眼（3）、碰左耳（4）、碰右耳（5）、碰鼻子（6）、碰左脸颊（7）、碰右肩膀（0）、碰右肩膀（0）、碰头发（1）、碰头发（1）。

在家长做动作的过程中，孩子同时写下并读出一串数字："8345670011"。

如果游戏中途孩子做错了或写错了，家长要及时叫停，并纠正。如果孩子顺利且正确地完成了，家长应该给予大大的鼓励。

不管是这个游戏里的哪一种任务，对孩子的记忆力都是有一定挑战的。

7 生活复制机

训练目的：培养孩子的观察力和记忆力
道具要求：家里
参加人数：2人

5岁以上

在"生活复制机"游戏里，家长可以先做出5个生活中的动作，孩子看完以后，需要按照顺序把5个动作重复一遍。孩子再做出5个生活动作，并由家长复制。游戏里的生活动作家长和孩子可以自由安排，无需太复杂，只要把每一个动作都做清楚，不要太仓促就好。如果孩子做的动作完全和家长重复，可以提醒孩子换一些动作，或者增加不同的细节。游戏可以反复进行，直到孩子不想玩了为止。

这些动作可以是组成做一件事情的一连串的动作，比如：

- 举起杯子（真实的杯子）、往热水里吹一口气、开始喝下一口水、放下杯子、擦汗；
- 看一本书的封面（真实的书本）、看同一本书的背面、打开第一页、摇头、把书合上；
- 拿起电视遥控器朝着电视机（真实的电视遥控器）、按下某个按钮、甩一甩遥控器、继续按按钮、拍打遥控器；
- 看手表（真实的手表）、看窗外、看墙上的钟表、打哈欠、伸懒腰；
- 把手机贴近耳朵（真实的手机）、说三声"喂？"、按掉电话、反转电话、叹一口气等。

这个游戏最重要的是看孩子是否会在观察中遗漏某些细节动作。如果中途孩子遗漏了动作，家长要提醒孩子再看一遍，注意观察，并且把每个动作做得更清晰，让孩子再次记忆和模仿。孩子遗漏了动作，有可能是观察力不好，也有可能是记忆力不好——如果是孩子没有看出具体动作，就是观察力的问题。如果是看见了，不记得，则是记忆力的问题。在这个游戏里，这两方面的能力都要帮助孩子训练和提高。

和孩子玩了几次以后，家长也可以将5个动作增加至8个或10个，以此来增加记忆难度。

8 难忘 Do Re Mi

训练目的：培养孩子的听觉记忆力
道具要求：一张 A4 纸
参加人数：2 人

6 岁以上

"Do、Re、Mi、Fa、Sol、La、Si"是七个音乐界的好朋友，它们合作可以谱出世界上最好听的音乐，没有人不爱它们。

在"难忘 Do Re Mi"的游戏里，家长需要提前在纸上写好若干个音符（音符的数量按照孩子的能力来决定），接着就可以开始考验孩子的记忆力了。

家长看着纸，按照写下的音符的顺序逐一读出来，并由孩子来复述。读第一个音符时，孩子跟着读；家长读到第二个音符时，孩子需要凭着记忆先读第一个音符，再读第二个音符；家长读第三个音符时，孩子需要先读出前两个音符，再跟读第三个音符；以此类推。

比如说，家长在纸上写好了"Do、Re、Mi、Do、Mi、Do、Mi、Re、Mi、Fa、Fa、Mi、Re、Fa"14 个音符，我们看看游戏是怎么进行的：

家长：Do！

孩子：Do！（重复）

家长：Re！

孩子：Do、Re！（重复两个）

家长：Mi！

孩子：Do、Re、Mi！（重复三个）

家长：Do！

孩子：Do、Re、Mi、Do！（重复四个）

家长：Mi！

孩子：Do、Re、Mi、Do、Fa！

家长：不对哦，最后一个是Mi。这些音符依次应该是——Do、Re、Mi、Do、Mi。重新来说一次吧！

孩子：Do、Re、Mi、Do、Mi（重复五个）

家长：Do！

孩子：Do、Re、Mi、Do、Mi、Do！（重复六个）

家长：Mi！

孩子：Do、Re、Mi、Do、Mi、Do、Mi！（重复七个）

家长：……（继续着，一直到最后一个音符Fa）

孩子：Do、Re、Mi、Do、Mi、Do、Mi、Re、Mi、Fa、Fa、Mi、Re、Fa！

当孩子可以把这些音符都记住并跟读出来时，你有没有发现，其实孩子哼唱的就是电影《音乐之声》里的插曲《哆来咪》的前两句旋律！所以家长在出题时，不妨考虑将熟知的音乐变成一个个的音符，传送给孩子！

9 圣诞助理

训练目的：培养孩子的记忆力
道具要求：家里
参加人数：2 人

4 岁以上

平安夜是圣诞老人一年当中最忙的日子，这一夜他要给世界上所有孩子派发礼物。今年，圣诞老人（家长）决定聘用一个助理来协助他一起安排各种大小礼物。圣诞老人可以先询问孩子的意愿，如果孩子决定要接受这个考验，游戏就可以开始啦！

首先，圣诞老人需要准备一个箱子、篮子或者大袋子（它们都不能是透明的），接下来圣诞老人会满屋子找合适的礼物，助理这时要紧紧跟在圣诞老人后面，帮他整理箱子里（袋子里或篮子里）的礼品。

圣诞老人每一次将物件放进箱子时，都需要跟助理说清楚这件礼物是什么，助理需要牢牢记住。找礼物的过程中，圣诞老人可以随时拿出之前挑选的不满意的礼物。这时，助理需要在脑子里将这件礼物删除。最后，圣诞老人找完礼物累了，回到客厅的沙发上，这时助理必须能够准确地告诉圣诞老人箱子里都有些什么礼物。

下面是这个游戏的一个例子：

（圣诞老人拿着箱子开始在屋子里四处走动，助理跟在后面）

圣诞老人：（放进一只高跟鞋）红色的高跟鞋！

助理：（自己默默记着）红色的高跟鞋！

圣诞老人：（放进一顶帽子）黑色的帽子！

助理：（自己默默记着）红色的高跟鞋、黑色的帽子！

圣诞老人：（放进一瓶香水）法国香水！

助理：（自己默默记着）红色的高跟鞋、黑色的帽子、法国香水！

圣诞老人：一本童话书！

助理：（自己默默记着）红色的高跟鞋、黑色的帽子、法国香水、一本童话书！

圣诞老人：一部手机！

助理：（自己默默记着）红色的高跟鞋、黑色的帽子、法国香水、一本童话书、一部手机！

圣诞老人：（从箱子里掏出帽子和香水）不要帽子和香水了。

助理：（自己默默记着）红色的高跟鞋、一本童话书、一部手机！

圣诞老人：一块黑巧克力！

助理：（自己默默记着）红色的高跟鞋、一本童话书、一部手机、一块黑巧克力！

圣诞老人：一个艺术杯垫。

助理：（自己默默记着）红色的高跟鞋、一本童话书、一部手机、一块黑巧克力、一个艺术杯垫。

圣诞老人：一个粉色洋娃娃。

圣诞老人：一个青苹果。

圣诞老人：一个棉花糖枕头。

圣诞老人：（掏出手机）不要手机了。

圣诞老人：最后是一听无糖可乐，（掏出苹果）不要青苹果了。

圣诞老人：（考助理）请问聪明的助理，箱子里的礼物一共有多少样？分别是什么呢？

助理：（思考）亲爱的圣诞老人，箱子里一共有 7 样礼物，它们分别是：红色的高跟鞋、一本童话书、一块黑巧克力、一个艺术杯垫、一个粉色洋娃娃、一个棉花糖枕头和一听无糖可乐，对吗？

圣诞老人：祝贺你！你被录用了！

如果孩子记住了所有物品，家长可以恭喜孩子获得圣诞助理的资格，孩子也有权为自己争取一件圣诞礼物。但如果他没有记全，就应该重新接受考验，看看下次能不能合格。

低年龄的孩子，能记住包裹中 5 种不同的礼物就可以了。如果孩子可以轻松完成，家长还可以不断增加礼物的数量，或者增加礼物拿进拿出的频率。当孩子能够准确说出包裹中的 10 种礼物，那就是非常称职的圣诞助理了。

10 超市大采购

训练目的：培养孩子的记忆力，锻炼孩子的数学计算能力
道具要求：家里
参加人数：2人及以上

家长要带孩子去超市（就把家里当作超市）买东西。出发前，家长需要先列好采购单子（根据孩子的能力决定购买商品的数量），并悄悄为每个想要采购的商品标上价钱（不要求和真实的价格一致）。

需要注意的是，家长在为商品标价时，范围最好都在个位数到百位数，不要出现"几毛或几分钱"，否则孩子会觉得很复杂，对游戏提不起兴趣，也会对学数学失去信心。例如：

（1）一袋白砂糖7元；（2）一双银筷子15元；（3）一盒西柚汁22元；（4）一支洗发露49元；（5）一块浴巾20元；（6）一管牙膏6元；（7）一个荞麦枕头80元；（8）一盏小桌灯240元；（9）小闹钟57元；（10）相架30元；（11）风扇560元；（12）插销座33元。

写好采购清单后,家长就可以带着孩子到"超市"的不同区域(最少3个区域)买东西了。每来到一个区域,家长要告诉孩子2至3个商品的价格,而孩子则需要用脑子记住所有商品的价码。

比如说,当家长带孩子来到厨房区,家长可以看着单子,指着商品跟孩子说:"这包白砂糖7元钱,这双银筷子15元钱,这盒西柚汁22元钱。"

接着,家长可以带孩子到浴室区跟孩子说:"这款洗发露49元钱,这块浴巾20元,这支牙膏6元钱。"

随后,家长可以带孩子到卧室区,对孩子说:"这个荞麦枕头

80元钱、这盏小桌灯240元、闹钟57元。"

最后，家长可以带孩子到客厅区，对孩子说："这个相架30元，这个风扇560元，这个插销座33元。"

参观了四个区域，说完了采购清单上的所有商品后，逛超市的任务就结束了。

接下来就是考验孩子记忆力的时候了，家长可以用以下三种方式问孩子问题：

【方式一（直接问商品价钱）】

家长：一袋白砂糖多少钱？

孩子：7元钱！

家长：一盏小桌灯多少钱？

孩子：240元！

家长：两块浴巾多少钱？

孩子：一块浴巾20元，两块40元！

家长：答对了！

如果孩子不能记住每件商品的价格，游戏可以做到这里为止再从头开始，由家长重新带孩子"逛超市"，记价格。

【方式二（反问法）】

家长：刚才逛街时，什么商品6元钱？

孩子：牙膏！

家长：什么商品240元？

孩子：房间里的小桌灯！

家长：什么东西 22 元钱？

孩子：冰箱里的西柚汁！

家长：答对了！

如果孩子答不出来其中的一件和两件，家长可以提示孩子，然后再把孩子容易忘记的商品的价格，穿插在其他商品中，反复提问，来确定孩子在重新学习后，真正记住了价格。

【方式三（计算法，这种方式适合年纪大一些的孩子）】

家长：如果每一样商品只能买一件，我有 45 元钱，可以买什么？

孩子：一双银筷子 15 元……木质相架 30 元，一共 45 元！

家长：246 元可以买什么？

孩子：一盏小桌灯 240 元，加上一管牙膏 6 元！

家长：如果我只想买三样东西，我手里有 673 元，可以买什么？

孩子：一个荞麦枕头 80 元、房间的风扇 560 元、插销座 33 元，一共 673 元。

家长：全答对了！

如果孩子不能说出商品的价格或者心算出答案，你也可以降低游戏难度。你可以给孩子纸笔，带着孩子再逛一遍超市，并允许孩子记录下最多 3 个商品的价格（其他商品的价格还需要靠记忆，计算也需要靠心算），然后再重复题目，看看孩子能否说出价格或计算出答案。

"超市大采购"这个游戏不仅可以帮助孩子增强记忆力，同时也能提高孩子的数学计算能力。

图书在版编目（CIP）数据

陪孩子玩的100种游戏：用戏剧游戏培养九大能力 / 颜永祺，陈达萌著；杨昊松绘. --北京：新星出版社，2020.11（2025.7重印）
ISBN 978-7-5133-4154-7

Ⅰ.①陪… Ⅱ.①颜… ②陈… ③杨… Ⅲ.①家庭教育 Ⅳ.①G78

中国版本图书馆CIP数据核字(2020)第191614号

陪孩子玩的100种游戏
——用戏剧游戏培养九大能力

颜永祺　陈达萌　著　杨昊松　绘

策划编辑：	刘晓蕊　白丽丽
责任编辑：	汪　欣
营销编辑：	吴雨靖 wuyujing@luojilab.com
封面设计：	热带宇林
版式设计：	靳　冉　热带宇林

出版发行：	新星出版社
出 版 人：	马汝军
社　　址：	北京市西城区车公庄大街丙3号楼　100044
网　　址：	www.newstarpress.com
电　　话：	010-88310888
传　　真：	010-65270449
法律顾问：	北京市岳成律师事务所

读者服务：	400-0526000 service@luojilab.com
邮购地址：	北京市朝阳区华贸商务楼20号楼　100025

印　　刷：	北京雅图新世纪印刷科技有限公司
开　　本：	880mm×1230mm　1/32
印　　张：	8.5
字　　数：	150千字
版　　次：	2020年11月第一版　2025年7月第六次印刷
书　　号：	ISBN 978-7-5133-4154-7
定　　价：	69.00元

版权专有，侵权必究；如有质量问题，请与印刷厂联系更换。